곱게 갑서
다시 오지 맙서

제주 성산읍 해녀공동체와 바다거북의 상징성

강대훈

서울대학교에서 해양학을, 동 대학원에서 인류학을 공부했다. 지금은 프랑스 고
등사회과학연구원(EHESS)에서 제주 이주와 제주 사회의 변화를 주제로 인류학
박사논문을 쓰고 있다. 지은 책으로『타마르 타마르 바다거북』,『바다박사가 될래
요』등이 있고,『바람이 불어오는 길』,『버마 고산지대의 정치 체계』,『인류를 만든
의례와 종교』,『인간 사회와 상징 행위』외 여러 권의 책을 우리말로 옮겼다.
aritang@naver.com

곱게 갑서 다시 오지 맙서
- 제주 성산읍 해녀공동체와 바다거북의 상징성
ⓒ 강대훈, 2021

2021년 11월 15일 초판 1쇄 발행
ISBN 979-11-90482-84-4(93380)

지은이	강대훈
삽화	한항선
제주어 감수	(사)제주어연구소
펴낸곳	한그루
출판등록	제6510000251002008000003호
펴낸이	김영훈
편집인	김지희
디자인	나무늘보, 부건영, 이지은
마케팅	강지인

주소	제주특별자치도 제주시 복지로1길 21
전화	064-723-7580
전송	064-753-7580
누리방	onetreebook.com

값 13,000원

제주 성산읍 해녀공동체와
바다거북의 상징성

강대훈 著

곱게 가옵서
다시 오지 맙서

한그루

제주 성산읍 해녀공동체와
바다거북의 상징성

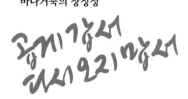

제주 신화 속 바다거북 ——————— 14

바다밭과 육지밭 ——————— 30

해녀의 몸과 마음의 테크닉 ——————— 42

바다에서의 놀람과 넋 나감 ——————— 62

성산읍 해녀의 조상들 ——————— 80

용왕할망의 딸들과 그 막내딸 ——————— 104

죽은 거북에 바치는 기도 ——————— 136

희망의 집약체로서 조상 ——————— 168

감사의 말 ——————— 8

머리말 ——————— 10

맺음말 ——————— 178

참고문헌 ——————— 182

찾아보기 ——————— 189

감사의 말

-

머리말

감사의 말

이 책이 나오기까지 여러 분들의 도움을 받았는데 고마움을 표시할 기회가 없었다. 제일 먼저 2015년과 2016년에 낯선 연구자를 따뜻하게 맞아준 제주 구좌읍, 성산읍 해녀들과 심방들, 어부들, 온평리와 종달리의 어촌계장님께 고맙다는 인사를 드리고 싶다.

다음으로 책의 초고를 꼼꼼히 봐주시고 제목 선정에도 도움을 준 서울대 지도교수 정향진 선생님, 2017년 소중한 심사평을 주신 권헌익 선생님, 강정원 선생님께 감사드린다.

또 현지 조사 지역 선정부터 선행연구, 그 외 다방면에서 도움을 주신 해양대 안미정 교수님, 여러 번의 면담에서 요긴한 연구 조언과 함께 『도 카모Do Kamo』 영역본을 포함, 귀한 자료들을 빌려주신 제주대 유철인 교수님께 감사드린다.

바다거북이 등장하는 제주 신화와 본풀이를 콕 집어 소개해주고 불쑥 찾아간 자리에서 제주굿의 몇몇 원리들도 알기 쉽게 설명해주신 강정식 선생님, 편찮으신 와중에도 자택 방문을 허락하고 제주의 여러 전통과 풍습, 특히 논문의 핵심이었던 '곱가름' 원리를 알려주신 진성기 선생님, 제주 영등굿을 다룬 본인의 연구서와 시집을 주며 거북 연구를 격려해 주신 문무병 선생님께 감사드린다.

　　마지막으로 서울대 인류학과 심일종, 이길호 선배에게 고마움을 전한다.

머리말

　　제주 성산읍 해녀들은 바다거북을 용
왕할망의 막내딸로 여겨 신성시한다. 이 책은 바다거북의 그러한
상징성을 해녀의 생업 조건 및 제주의 조상신앙과 연관 지어 탐구
한 것이다. 2015년부터 2016년에 걸쳐 나는 5개월간 제주 성산읍
에서 민족지적 현지 조사를 수행했고 그 결과물을 2016년 말 서울
대 인류학과 석사논문으로 제출했다. 이 책은 당시의 논문을 고쳐
쓴 것이다.*

　책을 만들면서 누구나 읽을 수 있으면 좋겠다고 생각했다. 그래서
신령한 거북이라는 소재에서 유도된 내러티브를 살리는 방향으로
글을 고쳐 썼다. 학술적 측면에서는 2015년과 2016년, 제주 동부의
해녀들에게서 수집한 사회적 사실들을 정직하게 소개하고 거기서

---

* 강대훈, 「곱게 갑서, 다시 오지 맙서: 제주 성산읍 해녀들의 바다거북 인식과 무
속적 조상신앙 연구」, 서울대학교 인류학과 석사학위논문, 2017.

발견되는 한두 가지 규칙성을 드러낼 수 있었으면 하는 바람이다.

개인적으로 바다거북이 좋아서 바다거북 연구자를 꿈꾸던 시절이 있었다. 바다거북 로고만 봐도 가슴이 뛰던 20대 후반의 일이다. 결국 나는 해양생물학자가 되지 못했지만 2016년 여름, 할머니뻘 되는 고령 해녀들을 찾아다니며 바다거북 이야기를 듣는 시간이 참 좋았다. 물속에서 거북을 보면 반가워서 고둥을 까 주거나, 크게 놀라 며칠을 앓아누웠다는 해녀의 이야기가 내게는 남 일 같지 않았다. 종종 은혜 갚는 까치와 호랑이, 꾀 많은 토끼와 쑥을 먹는 곰들이 사는 동화와 전설의 시간으로 되돌아간 것도 같았다.

이 책을 읽는 독자들에게도 당시에 연구자가 느낀 재미와 즐거움이 조금이나마 전해졌으면 좋겠다.

2021년 가을

강대훈

1.

제주 신화 속
바다거북

제주 신화 속 바다거북의 두 얼굴

제주 신화 속
바다거북

제주 신화 속 바다거북의 두 얼굴

2016년 6월 11일, 나는 제주 해녀들의 바다거북 신앙을 연구하기 위해 제주 성산읍 신양리로 갔다. 이틀 뒤 현지 조사 허락을 구하려고 신양리 아랫마을인 온평리 어촌계를 찾았을 때였다. 그때 온평리 고흥수[1] 계장은 불과 3주 전에 온평리와 신산리 경계 바다에서 죽은 바다거북이 떠밀려 왔다는 이야기를 들려주었다. 온평리 어촌계와 해녀회 대표들이 과일과 쌀, 소주와 막걸리를 차려가서 간단한 제를 올린 다음, 흰 천으로 거북을 싸서 음식까지 챙겨 바다로 보내주었다는 것이다. 그는 온평리에서 거북은 '성물(聖物)'이라며 거북을 띄울 때 향물로 손을 씻었다고 말했다.

거북이 비단 온평리에서만 성물인 것은 아니다. 제주 전역에서 바다거북은 '요왕사자(용왕사자)' 또는 '요왕할망 말젯딸애기(용

[1]　이 책에 나오는 모든 성산읍 주민, 면담자의 이름은 가명으로 표기했다.

왕할머니 막내딸아기)'로 인식된다. 제주 해녀와 뱃사람들은 살아 있는 거북을 보면 술을 뿌리거나 간단한 비념을 행한다. 또 죽은 거북이 해변에 밀려오면 간단한 제를 지내고 다시 바다로 띄워 보낸다. 제주 해녀들의 이러한 관습은 언론에도 여러 차례 소개되었다. KBS 환경스페셜 372회(2008.12.17.) '그곳엔 바다거북이 산다' 편을 보면 제주 각지의 해녀들이 거북을 용왕의 딸로 여겨 소라를 까 주거나, 죽은 거북을 위해 제를 지내는 모습이 나온다. 또한 코리안 지오그래픽 8회(2014.11.27.) '숨비소리' 편에서도 김녕리 해녀들이 죽은 거북을 배로 끌어가 배송하는 장면이 있다. 신문기사에서도 여러 차례 비슷한 사례가 소개되었다.[2]

바다거북은 지구상에 서식하는 약 300여 종의 거북들 중에서 바다에 서식하는 종들을 말한다. 지구 생물의 진화는 대략 바다에서 출현한 생명체가 차츰 육지로 진출하는 과정이었다고 알려져 있다. 그런데 중생대 중기쯤 육지생물의 일부가 바다로 되돌아갔고, 바다거북도 당시 바다로 돌아간 육지거북의 후손이다. 바다거북은 육지거북보다 덩치가 크고 몸의 형태가 유선형이며 발 모양은 넓적한 노를 닮았다(강대훈, 2012). 현재는 푸른바다거북, 붉은바다거북, 장수거북, 매부리거북, 올리브각시바다거북, 켐프각시바다거북, 납작등거북 등 7종이 지구상에 생존하는 것으

---

[2]   제주의소리(2008. 3. 24.), 연합뉴스(2010. 7. 8.), 한라일보(2013. 7. 31.).

그림 1. 성산읍 신양리는 성산일출봉과 섭지코지를 끼고 있는 마을이다. 2016년 여름, 나는 신양리에 머물면서 주로 신양리와 그 아래 마을인 온평리를 오가며 인류학적 현지 조사를 수행했다.[3]

로 알려져 있다(S.Karl and B.Bowen, 1999).

주요 서식처는 열대와 아열대 바다지만 일부 종은 온대와 냉대 해역에서도 관찰된다. 우리나라 근해에서는 푸른바다거북, 붉은바다거북, 장수거북, 매부리거북 등 4종이 관찰되는데 주로 발견되는 것은 푸른바다거북과 붉은바다거북이다. 최근 연구에서는 제주 연안이 바다거북의 섭식지일 뿐 아니라 산란장의 조건도 갖추고 있음이 밝혀졌다(문대연 외, 2009; 정민민 외, 2012).

3) 지도 출처는 제주특별자치도, '제주의 마을' 홈페이지,
     http://jejuvill.jeju.go.kr/jejutown/domain-root/4307/

제주에서 바다거북은 가끔 산 채로 그물에 걸리거나 죽은 채로 해변에 떠밀려 온다. 죽은 거북들이 제주 연안에 좌초하는 정확한 이유는 아직 밝혀지지 않았다. 국립수산과학원 연구팀에 따르면 이 거북들은 쓰레기를 먹거나, 그물에 얽히거나, 노화나 질병으로 죽은 뒤 파도에 휩쓸려 온 것으로 추정된다(문대연 외, 2009).

성산읍 해녀들도 어째서 죽은 거북이 뭍으로 오르는지 정확한 이유를 알지 못했다. 그러나 과거에는 지금보다 훨씬 많이 올랐고, 특히 여름 태풍이 지나가면 많이 휩쓸려 왔다는 증언이 있었다. 먼바다에서 작업하는 상군[4] 해녀들은 지금도 물 밑에서 종종 거북을 보며, 다만 육지로 떠밀려 오는 횟수가 준 것 같다고 했다.

바다거북이 사는 '여(바위)'가 따로 있다는 증언으로 보아, 먼바다 깊은 데서 물질을 하는 상군 해녀들이 바다거북을 자주 보는 것으로 짐작된다. 신양·온평리의 상군 해녀들은 자주 볼 경우 대략 한 물찌[5]에 서너 번쯤 거북을 보며, 드물게 볼 경우 몇 달에 한 번도 보지 못한다고 말했다. 온평리의 한 해녀는 물질을 갈 때마다 거북이 근처에 있어 친구처럼 느껴졌는데 그래서 거북이가 나타나지 않는 날은 섭섭한 기분마저 느꼈다고 했다. 그러나 자주 보든 그렇지 않든 해녀들은 모두 바다거북이 용왕할망의 막

---

4) 　　　전통적으로 제주 해녀는 기량에 따라 상군, 중군, 하군으로 불렀다.
5) 　　　해녀들의 물질 주기로 9일 물질과 6일 휴식으로 이루어져 있다.

내딸로서 함부로 할 수 없는 영물(靈物)임을 인정하고 있었다.

성산읍 해녀들이 바닷속에서 거북을 만나면 보이는 반응들은 크게 두 가지다. 먼저 긍정적 반응이 있다. 바다에서 거북을 보면 해녀들은 재수 좋다, 반갑다, 예쁘다, 거북이는 사람을 돕는다 등의 생각을 한다고 말했다. 특히 70대 이상의 고령 해녀일수록 바다거북을 반가워하는 듯했는데 자기들은 거북이 용왕할망 딸임을 알아서 귀엽게 여기지만 그렇지 않은 젊은 해녀들은 거북을 보면 놀랄 수도 있다는 것이었다. 몇몇 해녀들은 거북을 보면 마음속으로 기도를 하고 소라를 까서 준다. 그러면 먹는 거북도 있고 그냥 가 버리는 거북도 있지만, 어찌 되었든 '요왕할망 말젯똘애기'에게 바치는 거라서 '스망(재수) 일어' 재수가 좋으리라는 믿음을 갖는다고 했다.

> 이금자: 거북이를 바다에서 보면, '어우, 요왕할머니 말젯똘애기, 재수 스망 일게 해줍서(재수 좋게 해주세요).' 하고 소라를 따서 거북이 앞으로 던져줘요.
>
> 연구자: 그러면 반갑다 이런 느낌인가요?
>
> 이금자: 예 반갑다. 조상을 봐서 반갑다 이런 소리예요. 요왕할머님 말젯똘애기니까. 거 우리가 보통 바다에 다니는 사람들이 요왕을 아니 믿고 사는 사람들이 없잖아요? 그러면 반갑다기 이전에 아 이거 뭘 멕여서(먹여서) 보내야

겠다는 생각에 그냥 안 보내요.

— 이금자, 온평리 은퇴 해녀, 77세

한편 부정적 반응도 있다. 성산읍 해녀들 중 상당수는 물속에서 거북을 볼 때 놀란다, 무섭다, 재수 나쁘다, 자주 보면 안 좋다는 생각을 한다고 했다. 중요한 해녀의례인 잠수굿과 영등굿에도 "해녀들 거북 보고 놀라게 맙서(마세요)."라는 기도가 포함돼 있다. 이 대목은 거북을 보고 놀란 경험이 집단의례에 기입될 정도로 해녀사회에 일반화된 것이었음을 시사한다. 거북에 대한 부정적 인식은 다시 회피행위로 이어지는데, 거북을 보면 피하거나 가까이 가지 않으며 거북에게 닿지 않도록 조심한다는 언급이 있었다. 또 '거북'이라는 말을 써서는 안 되고 '요왕할망 말젯 뚤애기'라고 불러야 한다는 증언도 있었다. 그 외 과거의 고령 해녀들은 어린 해녀들에게 물질을 가르칠 때, 거북을 보거든 놀라지 말고 "곱닥 곱닥 허라.(예쁘다 예쁘다 해라.)"라고 말했다.

요왕님 가는 데는 우리가 가로, 앞으로 안 지나가. [옆쪽을 가리키며] 이렇게 옆으로, 그자(그저) 옆으로만 보고 가지.

— 고영옥, 신양리 상군 해녀, 78세

한편 바다거북이 죽어서 해변으로 밀려오는 사건도 부정적으로 여겨진다. 해녀들은 죽은 바다거북이 해변에 오르면 마을에 좋지 않은 일이 생길 거라 믿는다. 그래서 술과 떡, 과일 등으로 제를 올리고 거북을 다시 바다로 띄워 보낸다. 상식적으로도 용왕할망의 막내딸이 죽어 밀려온 사건이 상서로울 수는 없을 것이다. 해녀들이 어째서 죽은 거북을 정성 들여 바다로 돌려보내며, 거기에는 어떤 사회문화적 논리가 깔려 있는가는 책의 후반부에서 자세히 다룰 것이다. 이제 제주 신화 속의 바다거북을 살펴보기로 하자.

제주 신화 속 바다거북의 두 얼굴

제주에서는 심방이 굿을 할 때 본풀이라 부르는 '신들의 내력담'을 구연한다. 제주의 큰굿과 작은 굿 모두에서 구연되기 때문에 제주 심방은 본풀이를 모르면 굿을 할 수 없다. 고래로 심방들의 노래와 춤, 사설에 실려 대대로 전승되어온 본풀이가 지금 우리가 '제주 신화'로 알고 있는 이야기들의 뿌리인 셈이다.

제주 신화 안에서 거북은 두 얼굴의 영물(靈物)로 그려진다. 먼저 사람에게 죽음과 질병을 가져다주는 무서운 얼굴의 거북이 있다. 그리고 사람을 돕고 은혜를 갚는 고마운 얼굴의 거북이 있다.

제주 해녀들의 중요한 무속의례인 영등굿 그리고 잠수굿에서 거북은 '요왕ᄉ제'나 '요왕차사'로 불린다. 용왕의 신하라는 것이다. 김녕리 잠수굿에는 요왕차사의 내력을 읊는 짧막한 〈요왕차사본풀이〉가 포함돼 있다. 여기서 차사는 저승사자를 말한다. 사람의 혼을 저세상으로 데려가는 존재니 당연히 요왕차사는 두려움의 대상일 수밖에 없다.

또 제주 신화 중에는 동해용왕의 막내딸에 대한 〈동이용궁할망본풀이〉가 있다. 여기서 동해용왕의 막내딸인 '동이용궁 할망'은 아기들을 아프게 하고 저승으로 데려가는 무서운 할망이다. 이 할망은 아기의 점지, 출산, 양육을 담당하는 '멩진국 따님아기', 즉 삼승할망와 대조되는 신격으로서 구삼승할망 또는 저승할망이라고도 불린다. 아래는 제주의 큰심방이었던 이용옥 심방이 동이용궁 할망에게 기도하는 대목을 발췌한 것이다(허남춘 외, 2009: 94).

하영 인정 걸엄시메(많이 인정 걸었으니)

오널 오랑, 잇는 ᄌ손들(오늘 와서, 있는 자손들)

아기덜이나 손지덜이나(아기들이나 손자들이나)

이 ᄌ손들안티랑(이 자손들한테는)

할마님아(할머님아)

하다 발자추 똘르지 맙서.(하다 발자취 따르지 마세요)

치메깍에 똘릅지 맙서, 댓지셍기에 똘릅지 맙서.(치맛자락에 따르지 마

세요, 기저귀에 따르지 마세요.)

이 신화적 사설에서 '동해용왕 말젯뜰애기'는 자손들, 특히 아
기나 손자들에게 찾아와서는 안 되는 무서운 할망이다. 거북이
어떤 신화적 변이를 거쳐 무서운 '구삼승할망'과 연관되었는가
는 알 수 없지만, 제주 신화에서 거북의 한 측면은 죽음, 질병, 재
앙과 결부되어 있다.

한편 제주 신화에는 인간을 돕는 고마운 거북도 등장한다. 제
주 무속의 기원신화에 해당하는 〈초공본풀이〉에서 거북은 훗날
무당의 시조가 될 삼형제의 어머니인 즈지멩왕아기씨를 등에 태
워 황금산 도단땅으로 데려다 준다. 이 거북은 생전에 즈지멩왕
아기씨의 보살핌을 받던 흰 강아지였다. 그러다 죽어서 거북으
로 환생해 옛 주인에게 은혜를 갚은 것이다. 황금산 도단땅은 삼
형제의 아버지인 주접 선생이 살고 있는 타계로 무서운 '낙수바
당 삼천리길' 너머에 있다. 아래는 즈지멩왕아기씨가 '낙수바당
삼천리길'에 가로막혀 울다 잠이 든 장면이다. 역시 이용옥본에
서 발췌했다(허남춘 외, 2009: 128).

느진덕정하님허곡, 앚안 울단 보난 무정눈에 줌이라, 소록록허

게 줌은 드난~, 꿈에 선몽 ㄱ찌 선몽 드리는 건 보난, 어떠헌, 벡강 셍이 나오라 간다.

상전님아, 상전님아

"어떵허연 이디 오란 영 누원 해녀까?", "난 상전님네 집이, 요왕황저국(龍王皇帝國) 말젯뚤아긴데 줴(罪)가 만허난 인간에 강셍이로, 난~, 줴를 다, 그 줴를 다 닦앙 오젠, 변허연 나간 게, 상전님네 집이 가난 하도 상전님 나 먹을 것도 잘 주곡, 날 하도~, 아껴주고 영 허단, 나 그 귀양 다 풀리난~, 요왕황저국으로 돌아갔습네다"

퍼쩍하게 깨어난 보난 몽롱셍에 꿈이 뒈었더라. 보레지 않치 아니연, 낙수와당 수삼천리 쯸에 [말] 바레연 보난, 큰 거북이가 오란 턱허게 등을 내물안 잇엇구나, "아이고 이 거북인 어떵한 일인고?" "경 말앙 나 등더레 탑센" 허난, 그때엔 탄 가젠 허난~, 아이고 이 거, 우리 둘이 입던 입성ㄲ지, 믄딱 끗엉 가젠 허난 감은 암쉐엔 양석(糧食)이영 믄딱 싯건… (중략) 거북이 등에 올라탄, 수삼천리 낙수 와당 넘어산다.

대강의 뜻을 풀이하면 다음과 같다.

(ㅈ지멩왕아기씨가) 앉아 울다 잠이 들었는데, 꿈에 백강아지가 나온다. "상전님아, 어떻게 하다가 여기 와서 누워 주무십니까?", "나는 원래 요왕황제국 말젯뚤애기였는데 죄가 많아 인간세계에 강

아지로 태어났습니다. 그 죄를 씻으려고 간 것이 상전님네 집인데, 상전님 집이 가난했어도 먹을 것도 잘 주고 나를 아껴주었습니다. 그러다 저는 귀양이 풀려 다시 요왕황제국으로 돌아갔습니다." (ㅈ 지맹왕아기씨가) 퍼뜩 잠이 깨어 보니, 낙수바당 수삼천리 길에 큰 거북이가 등을 내밀고 있다. "이 거북이는 어떠한 일인고?" 거북이가 말하길 "그러지 말고 제 등에 타십시오." 이것저것 싣고 거북이 등에 올라타니 수삼천리 낙수바당을 잘도 넘어간다.

성산읍 신양리의 오춘희 매인심방[6]**은 위 대목을 이렇게 설명했다.**

> 꿈에 선몽을 한 거여. 황금산 연기실력으로 꿈에 선몽을 해연(하
> 였어). 깨난 보난(깨어 보니) 아닌 게 아니라 거북이가 옆에 와 있어.
> 거북이가 등드레 타 안지난(등에 타 앉으니), 수삼천리 낙수바당을,
> 그만큼 큰 바당을 건너주었다고 혀. 게난(그러니) 그 본풀이에서부
> 터 거북사자는 요왕사자다 한 그 이치가 있어요. 요왕부원국 사자.
>
> - 오춘희, 신양리 매인심방, 50대

---

6)　　　당을 책임지고 관리하는 심방. 영어의 main이 아니고 당에 매여 있는 심방 이라는 뜻이다.

〈초공본풀이〉의 거북은 사람을 돕는 영물이면서 이 세계와 저 세계를 잇는 중개자다. 사람의 힘으로는 건널 수 없는 '수삼천리 낙수바당'을 등에 태워 건네주기 때문이다. 그 외에 제주 설화에도 영험한 거북이 등장한다. 아래는 김영돈이 채록한 제주의 '산호해녀' 설화를 요약한 것이다(김영돈, 1999: 159).

옛날 제주 모슬포에 아직 마마를 앓지 않은 해녀가 살았다. 그 해녀는 어느날 안덕면 사계리 금로포에 물질하러 나갔다가 대모(바다거북)가 웅덩이에 빠져 있는 것을 보고 바다에 놓아주었다. 거북은 고맙다는 듯이 머리를 조아리고는 유유히 사라져갔다. 며칠 후 해녀는 금로포 용머리의 열길 물속으로 깊이 들어가 전복을 캐려 했다. 순간 으리으리한 별천지가 펼쳐지며 궁궐이 나왔다. 해녀가 궁궐문에 도착하자 한 노파가 궁궐 안으로 인도했다. "내 자식을 살려주어 고맙습니다." 해녀가 융숭한 대접을 받고 떠날 때 노파가 산호꽃을 주며 말했다. "이 꽃을 잘 간직하시오. 평생 지니고 있으면 마마는 걸리지 않으리다." 해녀는 그 꽃을 잘 간직했고 평생 마마를 앓지 않았다.

옛 시절 마마(천연두)는 높은 치사율을 가진 무서운 병이었다. 위 설화에서 산호해녀는 거북을 살려주어 그 화를 피한다. 그런데 거북을 도와주면 복 받는다는 믿음은 제주 신화나 설화뿐 아니라 오늘날 해녀들에게도 널리 퍼져 있다. 가령 구좌읍 종달리의 고복희 해녀는 젊은 시절 거북을 살려준 적이 있었다. 그녀는 과거 종달리의 상군이었고 자식들이 '다 잘 되어' 마을에서 부러움을 사던 이였다.

> 고복희: 옛날 어디 돌트멍에 거북이 새끼가 요만한 것이, 아 죽었어, 죽언에이 이만한 거 [손목 위쪽을 잡으며] 거 물이 싸부난 아 옴막하게 들어가부네 대가리가, [연극적으로] '에구게 이거 죽엇구나 이놈아' [웃음] 해부네, 바다에 들렁 낫더니 호로로록 가부네. 이거 죽어시카 해낫더니 안 죽엉, 안 죽엉, 물간더레 올랐어. 죽어시카 해서 영 해두 '이것이 죽은 건가 산 건가' 잡아가지고 바다 가서 영 낫주게. 호로로록 가벗어.
>
> (옛날 어디 돌틈에 거북이 새끼가 요만한 것이, 아 죽었어, 죽어서 이만한 거 그게 물이 써니 아 쑥 들어가버리네 대가리가. '에구 이거 죽었구나 이놈아' 했지, 바다에 들고 가서 났더니 호로록 가버리네. 이거 죽었을까 했더니 안 죽어서, 안 죽어서, 물 빠진 곳에 올랐어. 죽었을까 해서 이렇게 해도 '이것이 죽은 건가 산 건가' 잡아가지고 바다 가서 이렇게 놨지. 호로록 가버렸어.)
>
> 현여순: 경해서 언니 아기들 잘뒘수게. [모두 웃음] 아니 정말루. 그래서 아기들 잘된 거라.

(그래서 언니 아기들 잘되잖아요. 아니 정말로. 그래서 아기들 잘된 거야.)

- 종달리 은퇴 해녀, 83세(고복희), 81세(현여순)

은혜 갚은 거북과 복 받은 해녀할망. 듣고 있으면 마음 한켠이 흐뭇해지는 이런 에피소드 안에서 전설과 신화 속 거북은 해녀들의 생활세계로 내려와 산다. 제주의 고령 해녀들에게 요왕할망과 그 막내딸인 거북은 일종의 '살아지는 신화'였는지 모른다(Leenhardt, 1979[1947]: 190).

바다를 요왕할망의 공간으로, 바다거북을 요왕할망의 딸로 여기며 해녀들은 그만큼 정감으로 충만한 또 하나의 현실 속에서 살아왔고, 그 신화적 현실이 그들의 삶과 생업을 지탱시켜 주는 힘의 원천이었는지도 모른다. 책의 후반부에서 우리는 다시 이 주제로 돌아올 것이다.

2.

바다밭과
육지밭

바다밭과
육지밭

             제주 성산읍 해녀들은 바다를 밭으로 여긴다. 내가 만난 고령 해녀들은 바닷속 어디에 가면 무슨 '여'나 무슨 '모살밭7)'이 있는데 그곳 풍경과 거기 붙은 물건들이 지금도 눈에 선하다고 말했다. 수십 년을 드나든 바닷속 지형이 그들에게는 동네 마을길처럼 훤했는지 모른다.

    바다밭이란 단어는 일단 바다가 해녀에게 경제적 터전이자 일터임을 의미한다. 해녀의례인 영등굿이나 잠수굿에서도 바다는 '세경(밭)'으로 재현되며, 심방은 가상의 바다밭에 씨를 뿌려 해산물의 풍요를 기원하는 주술적 의식을 행한다.

> 연구자: 할머니한테는 바다라는 장소가 어떻게 느껴지세요?
>
> 현유을: 일터랑 마찬가지지. 밧(밭)에 간 거라.
>
> - 현유을, 온평리 은퇴 해녀, 91세

(바다가) 세경이라는 건, 바다에서 생선도 잡아 살고, 전복 소라 캐서 살고, 미역 톳이여 해서 생활허잖아요? 그니까 바다농사나 마찬가지. 세경. 바당도 세경. 요왕도 세경. [요왕굿 사설 잠시 읊음] 우리 제주도는 농사도 많이 하고, 바다에도 의지 많이 하고. 위험한 건 위험허지마는 세경이죠.

- 오춘희, 신양리 매인심방, 60대

농부들이 땅을 사랑하듯 해녀들은 바다밭을 사랑한다. 이 근원적 애착은 영등굿이나 잠수굿과 같은 해녀의례에서 조상과의 유대라는 상징적 형식으로 표현된다. 안미정은 김녕리 해녀사회를 연구한 민족지에서 해녀의례가 요왕할망과 해녀 사이의 신화적 친족성을 창조하며, 그래서 김녕 해녀들이 스스로를 신성한 '조상신의 바다'에서 물질하는 떳떳한 자손들로 여긴다는 사실을 관찰했다(안미정, 2007). 조상의 공간에서 일하는 '떳떳한 자손'이니 바다에 대한 애착과 권리의식이 얼마나 클 것인가?

군이 제주가 아니라도 '단순 사회'에 대한 여러 인류학적 문헌들은 대대손손 몸 붙이고 살아가는 터전으로서 땅에 대한 사랑이, 조상에 대한 사랑과 거의 동의어임을 말한다. 하나의 장소를 자기 존재의 뿌리로 여기는 인간에게는 같은 장소에서 먼저 살

7)   여는 바위나 바위언덕, 모살밭은 모래밭이라는 뜻이다.

다 간 조상들도 뿌리다. 가령, 호주 원주민 사회에서는 대지의 경관이 신화적 조상들의 업적과 성취, 영웅적 기억으로 가득 차 있고 (Durkheim, 1912; Rappaport, 1999: 139-164), 파푸아뉴기니 고산부족사회에서는 조상이 잠든 땅이기 때문에 부족의 거처를 쉽게 옮기지 못하며, 혹여 옮겨야 할 때는 제일 먼저 조상들을 이주시켜야 한다(Rappaport, 1968). 더 가까운 예로 우리나라 흑산도 모래미 마을에서도 조상의 거처는 쉽게 옮길 수 없다(김창민, 2018)[8].

다시 바다밭 논의로 돌아오면, 과거 온평리 최고의 상군 해녀였던 현순애 씨는 "육지에 밭이 없는 사람들은 바다를 재산이나 그런 거라고 믿고 사는 거예요. 그만큼 해녀들은 바다가 그렇게 소중하고 좋은 거예요."라고 말했다. 신양리 현광숙 해녀도 "(우리가 바다의) 주인은 아니라도 주인이나 마찬가지예요. 우리 마음대로 갈 수도 올 수도 있고, 거기서 먹고 살 수 있었으니까."라고 했다.

마을 바다가 '우리 바다'라는 이러한 권리의식은 몇몇 긍정적

---

8)　부계혈통과 출계율을 강조하는 대신, 실제 조상제사를 수행하는 아들 집을 '큰집'으로 명명하고 혈연성이 희박한 먼 친척들의 연합('내롱')을 시제사(時祭)의 기본단위로 삼는 흑산도의 독특한 친족실천을 분석한 글에서 김창민은 이렇게 쓰고 있다: "조상이 거주하고 있기만 한다면, 가구주가 아들이든, 동생이든 상관없이 그 집은 큰집으로 인식된다. 그리고 조상은 함부로 거처를 옮기지 않는다고 인식하기 때문에 분가한 형은 물론이고 부모라도 조상의 독이나 위패를 가지고 가서 조상방을 옮길 수도 없다."(김창민, 2018: 211)

인 바다 인식과 연관된다. '넘(남)의 밭'에서 매여 하는 일이 아니기 때문에 바다는 '자유'이며, 늘 가는 곳이기 때문에 '집처럼 편안한 곳'이고, 동시에 친구들과 웃고 떠들며 돈 버는 재미가 있기 때문에 '신나는 놀이터'로 여겨진다. 흥미로운 점은 내가 바다에 대한 느낌과 감정을 물었을 때, 해녀들이 모두 감정이나 정서가 아니라 행동범주로 대답했다는 것이다. 가령 고마움, 그리움 같은 정서를 기대한 곳에서 해녀들은 '가고 싶다'라든지 '옛날에 물건 많이 나던 여가 눈에 선하다'라는 식으로 대답했다. 이러한 반응들은 해녀들에게 바다란 우선적으로 몸을 통해 관여하는 노동과 생업의 공간임을 말해주는 듯하다.

> 연구자: 지금 바다 딱 보시면 할머니들은 어떤 느낌이 드세요? 몇 십 년 일하셨는데?
>
> 현여순: 느낌이 잇인(있는) 거. [웃음] 아이구 우리도 다리 안 아파시민(아팠으면) 조개라도 가서 캘걸. 다리 아파 못 가시난(갔으니까).
>
> 연구자: 지금도 가고 싶으세요?
>
> 현여순: 지금도 가고 싶지. 고동도 잡고 우미(천초)도 허고.
>
> - 현여순, 종달리 은퇴 해녀, 81세

성산읍 해녀들에게 바다밭과 육지밭은 비슷하면서도 크게

다르다. 제일 먼저 '숨'의 차이가 있다. 신양리 고영옥 해녀는 밭일은 숨을 쉬면서 하고, 해녀는 숨을 참아야 하기 때문에 해녀질하는 게 훨씬 더 힘들다고 말했다.

다음으로 채취하는 수확물의 가시성(可視性) 차이가 있다. 육지 것은 눈에 보이지만 바다 것은 눈에 보이지 않는다. 성산읍 해녀들이 되풀이해 강조하던 이 단순한 명제는 해녀 물질이 근본적으로 원초채집노동임을 말해준다.

종달리 상군이었던 고복희 해녀(83세)에 따르면 같은 바다에 들어도 자기 '눈에 안 뵈면' 물건을 해올 수 없다. "잘 하는 사람들은 아무데나 가서 숨벼도(잠수해도) 많이 해오는디, 못하는 사람들은 그악을 부려 막 헐라해두" 할 수가 없다.

> 연구자: 거 좀 가르쳐주면 안 되나요? 어디 가 보라. 어디 가 보라.
>
> 고복희: [답답하다는 듯] 어디 가 보라 해도 눈에 안 뵈면 못 허지. 우리 전복 멧(몇) 개 따고 그 사람 하나도 못허며는 이레(여기로) 함(한번) 들어가 보라, 숨벼(잠수해) 보라, 영해도(이래도) 눈에 안 뵈면 못 허는 거라. [웃음] 바당의 일인디.
>
> – 고복희, 종달리 은퇴 해녀, 83세

> 김철삼: 바다에는 눈에 안 보이는 거고.
>
> 연구자: 물건요?

김철삼: 어. 우리가 가서 뭐 이렇게 헐 때는 안 보여서 우리가 춫아
내는(찾아내는) 거고. 육지는 가꾸는 거라.

연구자: 찾아내는 게 아니고?

김철삼: 그렇지. 바다에는 춫아내는 거고. 육지에서는 가꾸는 거
라. 그래야 상품을 만들지.

— 김철삼, 종달리 해녀배 선장(은퇴), 74세

찾아내기와 가꾸기의 차이.

이 차이는 결국 바다는 자기 마음대로 안 되는 곳이며 과도한
욕심이나 경쟁이 불가능한 곳이라는 인식으로 이어진다. 바다에
서는 '이녁에 맞게(자기 분수에 맞게)' 작업을 해야 하고 과욕을 부려
서는 안 된다.

바다에 거는 경쟁헐 수가 없어요. 기술이 있어야 경쟁을 하기 때
문. 가는 데 물건이 다 있는 것이 아니기 때문. 이래 가도 저래 가
도 그날 재수기 때문. 많이 잡는 사람 못 잡을 때도 있고, 못 하는
사람 많이 잡을 때도 있고, 경쟁헌다고 되지 않아요. 잘 헐라고 해
도 물건이 안 잡히며는 어쩔 수가 없어요.

— 현순애, 온평리 상군 해녀, 67세

욕심 부리면 많이 허지 밧에 건. 바다에 건 경(그렇게) 안 돼. 욕심

부리다그네(욕심부리다가) 험헐 수도 있어. 숨도 먹을 때 있고. 악으로 허지 말아야지. 악으로 허다강은(하다가는) 안 돼.

- 고복희, 종달리 은퇴 해녀, 83세

바닷속 물건은 저절로 나타나지 않으며, 해녀들이 공들여 찾아내야 한다. 그렇지만 이 찾아내기는 욕심이나 억지로 되는 것이 아니다. 이러한 해녀생업의 조건은 해녀사회의 '샤머니즘적' 종교관과 일정한 상관관계를 지니고 있는 듯하다. 인류학자 로베르트 하마용은 '샤머니즘'을 특정 가능한 종교 형태라기보다 '인간의 힘으로는 생산할 수 없는' 대상들이 생계의 토대가 되는 사회에서 '인간이 세계와 맺는 관계양식(mode de rapport au monde)'이라고 정의한다(Hamayon, 2015: 68). 그런 사회에서 인간은 원하는 목표, 가령 좋은 날씨나 사냥감의 번식, 건강, 행복 등을 얻기 위해 우회로를 거쳐야 한다. 즉, 숲의 신령이나 조상, 지역신들과의 우호적 교환과 결연이 필요하다. 인간이 생산할 수 없는 것들이 인간의 삶을 조건 짓는 사회에서 발견되는 세계관과 행동방식의 총체가 '샤머니즘적' 존재 양식인 셈이다.

한편 인류학자 팀 잉골드는 북극 라플란드 원주민들의 순록경제와 그 변천을 다룬 책에서 수렵, 목축, 목장경제라는 세 가지 경제양식을 영토와 동물자원에 대한 접근 권한을 기준으로 구별한 바 있다. 먼저 수렵사회에서는 영토와 동물자원에 대한 접근이 공동적이다. 어느 집단도 특정 영토와 동물자원을 배타적으로 소유하지 않는다. 반면 목축사회에서는 영토에의 접근은 공동적이지만, 동물자원에 대해서는 배타적 소유권이 인정된다. 그리고 목장경제로 오면 영토와 동물자원 모두 사적 소유의 대상이 된다(Ingold, 2007[1980]).

수렵사회에서 인간은 생존을 위해 동물들의 신령이나 보호령과 우호적인 관계를 맺을 필요가 있다. 그 사회에서 동물들의 번식, 성장, 이동은 인간의 제어력을 벗어나 있기 때문이다(Ingold, 2007[1980]: 284). 목축사회에서는 인간이 동물자원을 보호하면서 다른 포식자들과 경쟁하지만, 여전히 동물들의 번식과 성장은 야생에 맡겨져 있다. 따라서 동물들을 관장하는 신령들의 신성함은 그대로 유지된다. 이 신성성이 결정적으로 훼손되는 것은 목장경제로 오면서이다. 그때 동물들의 생육은 초자연적 힘이나 신령이 아니라 인간의 손에 맡겨지기 때문이다.

이 연구들은 해녀의 생업조건과 종교적 실천 사이의 중요한 연결고리 하나를 밝혀준다. 제주 무속신앙의 전반적 약화에도 불구하고 현재 해녀공동체는 무속의례의 가장 적극적인 주체로 남아 있다(강정식, 2006; 하순애, 2003: 252). 해녀노동은 지금도 원초채집경제의 성격을 강하게 띠는데 이는 바다노동의 자연스런 조건이면서 동시에 해녀공동체와 제주 지역사회의 결단의 산물이다. 해녀들이 채취하는 '물건'은 인간이 키운 것이 아니며 지금도 해녀는 잠수장비를 쓰지 않는다. 게다가 제주 마을바다는 개별 어촌계의 배타적 어장이라 마을 해녀가 아닌 외부인의 조업활동은 엄격히 금지된다.[9]

이 조건들은 해녀들이 바다거북을 포함해 '조상'이라 불리는 여러 존재들과 관계 맺는 방식에 중요한 영향을 미친다. 해녀들이 '요왕할망 말젯뚤애기'인 거북을 귀히 여기는 이유도, 해녀생업의 구조 안에서 인간이 여전히 바다가 키운 물건들에 전적으로 의존하기 때문일 것이다.

그렇다면 '안 뵈면' 못 하는 바다일을 해녀들은 어떻게 수행하고 있을까? 또 유능한 해녀에게는 어떤 비결이 있을까? 이 의문을 풀기 위해 다음 장에서는 신체적(기술적), 심리적, 사회적 차원을 모두 포괄하는 해녀의 몸의 테크닉을 살펴보기로 한다.

9)   물론 해녀사회는 수렵사회가 아니며 해녀경제는 20세기 초부터 자본주의 경제에 편입되었고(Gwon, 2005; 안미정, 2019), 현재 해녀의 바다는 국가가 관리하는 해양 영토의 일부다. 또 해녀사회의 종교성이 순수하게 무속적인 것만은 아닌데 유교, 불교, 도교적 요소들의 혼합이나 최근의 기독교 개종 등도 모두 고려해야 하기 때문이다. 최근 인류학자 김명미는 성산읍 오조리 마을공동체의 종교성 연구에서 지역민들의 혼합주의적 종교 형태의 기저에 '동중국해의 기층문화'를 구성하는 '애니미즘적' 태도가 체화되어 있다고 주장한다(김명미, 2017). 나는 그 관점에 십분 동의하며 한국 '무속'이 비인간-조상을 어떻게 다루어 왔는지, 또 무속적 조상숭배의 대상이 인간에 국한되지 않을 경우 '무속'이란 용어를 어떻게 재정의할 것인지 등은 추가적인 연구와 논의가 필요한 문제라 본다.

구분	바다밭	육지밭
기술적 차원	숨 참는 곳 (물건을) 찾아내는 곳 (물건이) 안 뵈면 못 하는 곳 욕심으로 안 되는 곳	숨 쉬는 곳 (물건을) 가꾸는 곳 (물건을) 보면서 일하는 곳 욕심으로 어느 정도 가능한 곳
종교적 차원	요왕신 관할 영역 바다에서 돌아간 조상들의 공간 바다거북의 고향(바다거북이 육지에서 죽는 것은 액사. 사체(死體)는 바다로 보내야 함.)	본향신 관할 영역 살아 있는 자손들의 공간 인간의 고향(인간이 바다에서 죽는 것은 액 사. 혼이나 신체는 육지로 건져야 함.)

표1. 성산읍 해녀들의 바다 인식

3.

해녀의 몸과
마음의 테크닉

해녀의 몸, 머정, 요령

해녀의 몸과
마음의 테크닉

해녀의 몸, 머정, 요령

내가 만난 대부분의 성산읍 해녀들은 큰 해녀는 타고난다고 말했다. 같은 바다에 들어도 타고난 해녀는 더 깊이, 더 멀리 잠수해 가며 그렇지 못한 해녀들보다 월등히 많은 물건을 잡아온다는 것이다. 이렇게 타고난 해녀를 성산읍 고령 해녀들은 '요왕 태운 아이'라고 불렀다. 이때의 '태웠다'는 표현은 '운수나 팔자에 타고 났다.'라는 뜻이다.

해녀의 기량에는 사실 선천적 요소와 후천적 요소가 모두 포함돼 있다. 큰 해녀는 몸이나 '머정(운, 행운, 재수)'도 좋을뿐더러 요령과 기술도 뛰어나다. 더 나아가 가족뿐 아니라 벗과 이웃, 조상과 신 등을 모두 포괄하는 의미의 '공동체'와 일정 수준 이상의 관계성 안에 있는 사람이다. 이때의 조화로운 사회성을 나는 해녀의 '인격'이라 부르려 하는데 이때의 인격은 어떤 유교적 도덕성을 갖추었다는 의미가 아니라 (물론 그와도 무관하지 않겠으나), 공동체 내의 다양한 타자들과 폭넓고 깊이 있는 관계를 맺을 줄 아는 마음의 열림 또는 너그러움을 의미한다. 이번 장에서는 마르셀 모스의 유명한 '몸의 테크닉' 개념을 빌려 해녀의 바다 노동에는 몸, 마음, 사회의 차원이 모두 개입되며, 따라서 큰 해녀는 그 자체로 큰 인격임을 제안할 것이다.

해녀의 몸,
머정, 요령

해녀는 몸 노동자다. 그래서 좋은 해녀가 되려면 무엇보다 몸이 좋아야 한다. 해녀에게 좋은 몸이란 깊이 잠수할 수 있고 바닷속에서 오래 머무를 수 있는 몸이다. 다시 말해 깊이 잠수해도 귀가 아프지 않고, 폐활량이 좋은 몸이다.

> 고복희: 우린 숨 짤르거나(짧거나) 귀 아프거나 안 혀.
> 이분생: 숨이 질구나(길구나).
> 고복희: 숨이 걸린 폐가 없어. 숨벼두(자맥질해도).
> 이분생: 그러니 천장만장 들어가는구나.
> - 종달리 은퇴 해녀, 83세(고복희), 81세(이분생)

바다에서 '숨 짤르거나 귀 아프지 않은' 몸은 타고난다. 각 해녀마다 주어진 폐활량과 잠수 깊이는 다르며 이 차이를 노력으로 줄일 수 있어도 완전히 극복할 수는 없다. 온평리 이금자 해녀에 따르면 바닷속에서 눈으로 물건을 발견해도 귀가 말을 안 들으면, 즉 '압이 땡기며는' 모든 게 무용지물이다. 여기서 '압이 땡긴다'는 말은 수압 때문에 귀가 아프다는 뜻이다.[10]

2016년 여름, 나는 귀에 병이 생겨 물질을 그만둔 해녀를 만난 적이 있다. 신양리와 온평리 사이의 해안도로에는 해산물 포장마차가 여럿 있는데, 그중 한 가게의 주인 아주머니는 과거에 해녀였다. 한창 물질할 나이인 60대였지만 그녀는 귓병이 들어 가게를 차렸다고 했다. 다른 해녀들에게 들은 표현대로 바다에서 "귀가 열리지 않았느냐.(귀 안팎의 압력이 맞춰지지 않았으냐.)"라고 묻자 자신도 귀가 열렸고 침을 삼키면 그때마다 '딸깍' 소리가 났지만 억지로 열어서 병이 났다는 것이었다. 무리하게 깊은 곳으로 다녔더니 달팽이관이 부풀고 귀뼈가 엉겨붙어 이제 수술도 치료도 안 되는 상태라고 했다. 이 사례는 물질이 무엇보다 몸의 일이고, 개

---

10) 해녀 노동은 근본적으로 잠수·채집노동이다. 스쿠버다이빙을 배워본 이들은 비슷한 경험을 했을 것이다. 실내 풀장이건 바닷속이건 물 아래로 3m 정도만 내려가도 머리가 깨질 듯 귀가 조여온다. 그래서 다이빙 강사들이 초급자에게 제일 먼저 가르치는 내용은 물속으로 내려가며 귀 안팎의 압력을 맞추는 일이다. 다이빙 초급자는 코를 막고 숨을 내쉬어 고막을 부풀려야 하지만, 상급자나 강사들은 침만 삼켜도 압력을 맞출 수 있다.

인마다 잠수 가능한 적정 수심이 분명히 존재함을 보여준다.

다음으로 '머정'이라는 요소가 있다. 머정은 운, 행운, 재수 등을 뜻하는 제주어로 우직한 노력의 결과가 아니라 예기치 않은 성취라는 의미를 함축한다. 이 단어는 물질 외에도 낚시, 지네잡이, 어업일 등에 쓰인다. 가령 "자이는(쟤는) 낚시 머정이 좋아."라는 식이다. 성산읍 해녀들에게 머정은 무엇보다 '남 눈에는 안 보여도 내 눈에는 보이는' 행운이다. 따라서 모든 머정은 '이녁 머정(자기 머정)'으로 있는 사람한테만 있는 것이다.

> 고복희: 잘허는 사람은 다 머정이주게.
> 현여순: 머정 이신(있는) 사람은 잘 허고 없는 사람은 못 허구.
> 연구자: 제가 궁금한 게…… 어릴 때부터 이삼십 년 쭉 하면 그래도 바다에 자주 가셨으니까 경험이 쌓이잖아요?
> 고복희: 한 30년 허면 무시거(뭐) 게. 거 머정 엇이믄(없으면) 한 30년 해도 안 보여.
> ─ 종달리 은퇴 해녀, 83세(고복희), 81세(현여순)

"머정 엇이믄 30년 해도 안 보인다."라는 단호한 언급이 흥미롭다. 그런데 고령 해녀일수록 큰 해녀가 되는 데 머정이 전부인 것처럼 말하는 경향이 있었다. 또 뛰어난 해녀는 어디서 도와주는 것 같다고도 했다.

이분생: 잘허는 사람은 어디서 도와주는 거 닮아.

현여순: 그러주게.

이분생: 도와주는 사람은 생피(어린 전복)랑 전복이라도 봐지고. 못
하는 사람은 암만해도 못 해여.

연구자: 똑같이 깊은 데 들어가도요?

고복희: 거 요령으로 헴수꽈(하나요)? 머정이지게.

- 종달리 은퇴 해녀, 83세(고복희), 81세(현여순, 이분생)

여기서 "잘허는 사람은 어디서 도와주는 거 닮아."라는 구절
에 주목해 보자. 일찍이 마르셀 모스는 각 사회마다 구성원들이
몸을 사용하는 방식에 차이가 나며 이 '몸의 테크닉'은 신체적,
심리적, 사회적 차원을 모두 포괄한다고 보았다(Mauss, 2013[1934]).
사람이 몸을 쓴다는 것은 단순히 기계처럼 신체기관을 움직이는
것이 아니며, 개별 사회의 윤리와 규범, 종교적 믿음 등에서 생겨
난 특정한 심리적 태도와 마음가짐까지 모두 수반한다.

모스는 호주 원주민들이 캥거루를 쫓아 달려가며 외우는 사
냥주문을 예로 든다(Mauss, 2013[1934]: 9). 인간은 얼마나 빨리 달려
야 캥거루를 따라잡을 수 있을까? 여기서 중요한 것은 호주 원주
민들이 그런 마음을 먹었다는 사실이다. 다시 말해 사냥주문을
외면 달리기만으로 캥거루를 쫓아갈 수 있다고 믿었다는 것이
다. 캥거루를 쫓아 달려가는 급박한 순간에 원주민은 혼신의 힘

을 다 짜내 의지·욕망한다. 그가 속한 사회가 그 주술의 효험을 보증했고, 그 사실이 그에게 강력한 안도감과 확신을 주었기 때문이다. 그 순간 그의 몸 쓰기에는 신체적, 심리적, 사회적 차원이 모두 기입돼 있다(Mauss, 2013[1934]: 7)[11].

해녀의 경우 특히 '머정' 개념에 주술적 차원이 함축돼 있는 듯하다. 2016년 여름, 나는 조상과 머정의 연관성에 거의 주목하지 않았다. 그러나 해녀 물질이 노력뿐 아니라 머정에 좌우되며 잘하는 해녀는 '어디서 도와주는' 것 같다는 언급을 떠올려 보자. 제주의 문화논리에서 이 도움은 조상들로부터 오는데, 어느 면담에서 종달리의 현여순 해녀는 콕 집어 '도채비 머정'이라는 표현을 사용했다.

> 현여순: 도채비 머정이 있주. 놈(남, 타인) 안 해두 하는 거. 도채비
> 머정 이신 사람은 놈 아무 것도 못해도 허는 거. 그 사람

---

11)   그의 다른 논문도 몸과 심리, 사회의 관계를 다룬다. 모스는 과거 '단순사회'에서 그 사회의 신성한 터부나 불문율을 침해했다는 공포만으로도 신체상으로 멀쩡하던 원주민들이 병들거나 사망했던 사례에 주목한다(Mauss, 2013[1926]). '개인' 개념이 확립되지 않은 사회에서 집단적 믿음의 힘(사회의 힘)은 개별 구성원을 죽음에 이르게 할 만큼 강력했다는 것이다. 그 논문이 제시하는 사례들은 다소 극단적이지만, 개인의 몸과 마음, 사회라는 세 항이 유기적 관계 속에 있다는 점만은 충분히 확인할 수 있다.

먼저 가면 다른 사람들은 아무것도 허지 못허고. 지만 해

불언(해버려서)……

연구자: 다 쓸어가 버리는 거네요?

고복희: 먼저 가그네(가서), 배 탕(타서) 가그네 육지 가두, 먼저 그 사

람 가서 허민(하면), 뱃간에 딴 사람은 물건이 안 올라와.

- 종달리 은퇴 해녀, 83세(고복희), 81세(현여순))

또 온평리 최고 상군인 김희자 해녀에 따르면 과거 해녀들은
'애기 머정'의 효험도 이야기했던 듯하다.

처음 와서 물질 배울 때, 그런데 그것도 머정이야. 얼마 안 돼서

남들 따라다닐 때야. 언니들 쫓아가서 숨비는데(잠수하는데), 이런

데가 있구나 터득하고 있을 때도, 파도치는 날도, 전복 붙어서 2개

를 터 나왔어. 그랬더니 애기 키울 때일 거라. [어른들이] 애기 머정

으로 잡았다고.

- 김희자, 온평리 상군 해녀, 52세

이 사례들은 머정이 모두 신령한 대상들과 연관됨을 암시하
는데, 먼 옛날에는 더 분명하게 '신령한 존재나 조상에서 오는 초
자연적 행운'이라는 주술적 의미를 띠고 있었을지도 모른다. 비
슷한 맥락에서 고령 해녀일수록 머정에 높은 가치를 부여하는

경향이 있었다. 내가 보기에 이 현상은 해녀 도구의 발전과 관련이 있는 것 같다. 특히 1970년대에 고무옷이 보급되면서 해녀들의 물질시간은 크게 늘어났다. 바다에서의 사망률도 감소했고 해산물 수확량도 상향 평준화되었다. 성산읍의 50~60대 해녀들은 상대적으로 머정보다 기술과 노하우를 강조하는 경향이 있었다. 또 고령 해녀들보다 용왕이나 영등굿, 바다거북에 대한 믿음이 약했다.

구체적으로 입증할 방법은 없지만 맨몸 자체의 기량 면에서 지난날의 해녀들이 지금의 해녀들보다 크게 못하지는 않았을 것이다. (물론 '못 먹고, 못 입던' 시절이라 당시 해녀들의 영양 상태가 지금보다 나빴을 수는 있다.) 그러나 고무옷이 보급되고 상대적으로 바다에 대한 적응력이 높아지면서, 젊은 해녀들은 그들이 채취하는 해산물이 바다에서 '주어진 것'이라기보다 스스로 '획득한 것'이라는 생각을 더 많이 하는 듯했다.

반면 고령 해녀들은 해산물을 바다에서 얻은 것, 다시 말해 요왕할망이 준 것으로 인식하는 경향이 상대적으로 강했다. 온평리 이금자 해녀에 따르면 옛날 온평리 고령 해녀들은 물질을 '요왕 도둑질'이라고 불렀다 한다. 바다에서 요왕할망의 물건을 훔쳐온다고 생각했던 것인데 여기에는 희미하게나마 수렵채집 사회의 자연관이 어른거린다. 고령 해녀들의 바다에 대한 경외감을 보여주는 사례는 또 있는데 지난날 종달리 해녀들은 산호

를 '요왕나무'라고 부르며 함부로 훼손하지 않았다.

> 막 바당에 그추룩(그렇게) 가며는, 손바닥 같이 막 나무가 있어요.
> [손바닥을 펴 보이며] 그럼 그 나무를 막 쓸어주면서, 아이구 요왕님아,
> 요왕님아, 이 나무를 자라나그네(자라나서), 꽃이 피도록 크라고 하
> 면서예, 애기도 하면서. [오른손을 펴 보이며] 나무가 여기는 까망하게
> (까맣게) 생기고, 위에는 노랑하게시리 완전 이뻐요, 그 나무가. [중
> 략] 용궁나무 같애요 그게. 손바닥같이 생기니까. 머 같으며는, 요
> 왕님 나무 아닌 거 같으면, 그거 메다가 집에 싱그고(심고) 싶은 나
> 무라 그게. 막 멋져요.
>
> - 강옥우, 종달리 은퇴 해녀, 80세

현재 제주의 무속신앙은 서서히 약화되는 중이다. 온평리의
최고 상군인 50대 김희자 해녀는 "우리 세대 되면 이미 좀 신앙
도 약간 무뎌져서" 영등굿과 같은 무속의례도 "모시는 게 아니
고, 치르는 느낌인 거라."라고 말했다. 제사도 두 분을 한날에 모
시는 합제 형식으로 하는 등 "옛날에는 조상 중심이었는데, 이제
살아가는 데 내 중심이 된다."라는 것이었다. 그렇다면 머정과 조
상의 관계에 대한 믿음의 정도, 머정에 대한 우선시의 정도, 용왕
신앙과 조상신앙의 강도, 바다거북에 대한 신성시의 정도 사이
에는 일정한 상관관계가 있다고 추론할 수 있다.

마지막으로 성산읍 해녀들이 '요령'이라 부르는, 큰 해녀가 되려면 터득해야 할 기술과 노하우를 하나씩 살펴보기로 하자.

앞에서 보았듯이 해녀들은 바다를 밭으로 여긴다. 그런데 이 바다밭에서 해산물은 "난 데 나고, 먹는 데 먹는다." 다시 말해 "육지에도 풀이 잘 되는 곳, 곡식 잘 되는 곳 있듯이" 바다에도 해산물을 채취할 수 있는 데가 따로 있다.

> 이금자: 먹는 데가 먹어요.
> 연구자: 그게 무슨 말인가요?
> 이금자: 소라 같은 것도 올르는(오르는) 여에만 잘 올라요.
> 연구자: 개네들도 있는 데만 있는 거예요?
> 이금자: 네.
> ― 이금자, 온평리 은퇴 해녀, 77세

그렇기 때문에 해녀는 물건이 많이 나는 '여(바위)'나 '돌빡구'를 잘 찾아가야 한다. 종달리 고령 해녀들이 종달리에서 가장 뛰어난 상군 해녀를 평가하는 대목을 보자.

> 고복희: 가이(걔) 여를 잘 알아. 재봉이 각시.
> 연구자: 여를 잘 안다는 게 바위 지형 이런 거 잘 안다는 말인가요?
> 현여순: 물 아래 바위. 고둥 잡아난 디(데) 어디쯤에 가면 그 여다

해서 잘 잡아.

- 종달리 은퇴 해녀, 83세(고복희), 81세(현여순)

그런데 '여를 잘 아는' 일이 현역 해녀들에게도 만만치는 않다.

현순애: 동네 집 번지가 있듯이 바다에도 무슨 여, 무슨 여 다 있어
요.12) 그니까 그 여를 딱 짐작을 잘해야, 물에 다니면서 딱
그 길로 얼마쯤 가면 어떤 여가 있겠다, 감이 있어야지 물
건 잡아요. 그렇지 않으면 물건 잘 못 잡아요.

연구자: 그런 거 못하는 분들이 있나요?

현순애: 많아요. 매일 가도 짐작 못하는 사람들 많아요.

- 현순애, 온평리 상군 해녀, 64세

그러니까 상군 해녀는 물건 많이 나는 '여'가 어디인지 알고,
그 '여'를 찾아갈 줄 안다. 온평리 최고 상군인 김희자 해녀는 앞
세대 최고 상군을 이렇게 평가했다. "바다 해도를 그 언니가 머릿
속에 다 그리고 있어." 그래서 어떤 의미에서 해녀훈련이란 '여
찾는 능력'을 기르는 훈련이기도 하다. 삼달리 상군 고상희 해녀

---

12) 해녀들이 작업하는 바다밭의 주요 '여'에는 이름이 붙어 있다. 가령 새여,
안꼄여, 개머리반여, 관할망네여라는 식이다.

는 해녀학교를 나온다고 해녀가 될 수 있는 것은 아니라고 했다. 해녀학교에서는 '숨비는'(잠수하는) 기술만 가르치지 '여' 찾는 법은 가르쳐주지 않기 때문이다.

> 고상희: 그게 해녀학교에서 물질해지는 건 절대 아닙니다. 막상 물건을 트려면 [여 찾는 법을] 가르쳐야 되는데, 누가 여기 와라 저기 와라, 그게 할 수가 없죠. 자기 물건 잡을라고 하지. 한번 가르쳐준다고 되는 것도 아니고, 한 3년을 가까이 돌아다니면서 배워야 되는데.
>
> 연구자: 3년 가까이요?
>
> 고상희: 예. 3년은 돌아다녀야지 위치를 알아요. 바다에 첨 가면 정신없어 가지고. 파도에 휩쓸려서 나오면 맨 거기가 거긴 거 같고. 알 수가 있겠습니까?
>
> - 고상희, 삼달리 상군 해녀, 64세

그런데 괜찮은 '여'를 찾아갔다 해도 아직 해산물을 찾는 일이 남아 있다. 같은 '여'에서도 요령 좋은 해녀는 더 많이 채취한다. 괜찮은 '여'라 해도 매일 해산물이 나지는 않는다. 오늘 있다가 내일 없을 수도 있고 어제 없던 곳에 오늘 물건이 '붙을' 수도 있다. 그래서 '감'이 좋아야 하는데 아래는 젊은 시절 신양리 전복 상군으로 유명했던 현자옥 해녀의 말이다.

연구자: 할머니는 어떻게 그렇게 잘 잡았나요?

현자옥: 거는 이 예감으로. 마음적으루. 그때는 젊을 때니까 감이, 어떤 디(데) 가면 전복 있겠다 소라 있겠다……. 예감으로. 옛날에는 신양리 바다에는 워낙 널르니까(넓으니까), 이런 엉덕(바닷속 바위의 구렁진 곳) 안에는 전복이 없어. [두 손으로 바위 모양을 그리며] 여 한 돌 밑에, 돌이 박아진 돌, 큰 등돌이 꼭꼭꼭꼭 박아진 데 가면 전복이 그렇게 있더라고. 나는 젊을 때는, 어느 여에 가면 틀림없이 소라도 이실(있을) 거라, 전복도 이실 거라 하면, 가만 보면 있어.

– 현자옥, 신양리 상군 해녀, 80세

그 밖에 계절과 물끼, 채취할 생물의 습성, 심지어 옆에서 작업하는 동료의 성격에 따라서도 수확량이 변할 수 있다.

물밑에 가서도, 작년에 만이(많이) 났어도 안 나는 수가 있거든? 그걸 후닥닥 내려가서 확인해 보면 보여. 이건 두뇌싸움도 있어요. 물밑에 내려가면, 돌 보면, 아 이게 물건이 붙겠구나 안 붙겠구나 하는 빠른 판단력. 그리고 내 주변에는 누가 숨비고(잠수하고), 누가 어느 여에를 가고 다 파악을 해야 돼. 어느 여에 가면, 거기는 갔다 하면 막 찡 박아놓고 물건 하나도 없을 때까지 작업하는 사람이 있고. [듬성듬성 하는 몸짓하며] 두 개 잡고 여덟 개 놓고 가는 사람이 있거든. 그 구역을 빨리 판단을 해서 그리로 가야 돼.

- 김희자, 온평리 상군 해녀, 52세

김희자 해녀의 설명에 따르면 '열흘이면 열흘 기복 없이 잘하는' 능력은 요령이다. '근데 못하는 사람이 어쩌다가 잘하는 사람만큼 잡는 날'이 있는데 그게 머정이다. 기대도 안 하고 갔는데 물건이 거기 있는 '운빨'인 것이다. 그녀는 그런 일이 "상군들에게 자주 있다."라고 말했다. 즉 요령 있는 사람이 머정도 좋다는 뜻이었다. 한편 앞절에서 "머정 엇이믄 30년 해도 안 보인다."라고 했던 종달리 고복희 해녀는 같은 면담에서 다시 이렇게 말했다. "머정 이신 사람이 요령껏 허는 거라."

큰 해녀는 어떻게 길러지는 걸까? 2016년 여름, 이 의문을 풀기 위해 나는 여러 해녀들을 찾아다녔다. 그들의 대답은 선문답 같아서 연구자의 입장에서는 대부분 실망스러웠다. 가령 '큰 해녀는 타고 난다.', '그냥 자연히 배워진다.', '어쩌다 보니 그냥 그렇게 되더라.'라는 식이었다. 그런데 김희자, 고복희 해녀의 설명은 그 수수께끼에 일말의 빛을 던져준다.

처음 와서 물질 배울 때, 그런데 그것도 머정이야. 얼마 안 돼서 남들 따라다닐 때야. 언니들 쫓아가서 숨비는데(잠수하는데), 이런 데가 있구나 터득하고 있을 때도, 파도 치는 날도, 전복 붙어서 2

개를 터 나왔어. 그랬더니 애기 키울 때일 거라. [어른들이] 애기 머
정으로 잡았다고. 그건 진짜 머정이야, 생각도 없이. 근데 그게 상
군들한텐 더 많다고 봐야지. 그래서 상군이 된 건지도 모르고. [중
략] 아 이런 데도 있는 거구나, 거기를 터득해 두며는, 안 잡아본 사
람보다는 잡아본 사람이 빨리 터득을 하잖아요? [중략] [연극적으로]
'아 이런 돌에도 있구나, 이런 데도 있구나' 하면서 상군이 빨리 되
는 거겠지.

- 김희자, 온평리 상군 해녀, 52세

아직 애기 해녀였을 때 머정이 좋았는데, 머정이 좋다 보니
요령도 빨리 터득했을지 모른다는 것이다. 고복희 해녀와 김희
자 해녀의 '머정-요령론(論)'을 종합해 보면, "머정 이신 사람이 요
령껏" 하고 "요령 좋은 사람이 머정도 좋다." 운이 실력이 되고 실
력이 운이 되어 그 둘이 구분할 수 없는 경지, 숙련된 몸의 역량
이 채집노동의 불확실성을 넘어서서 바다밭의 '안 보이는' 물건
들을 육지밭의 보이는 물건들만큼이나 꾸준히 채취해낼 수 있는
경지에 이르러 있는 셈이다.

이러한 사실들은 결국 앞에서 언급한 '큰 해녀는 큰 인격'이라
는 명제로 수렴한다. 해녀공동체에게 조상과 벗이 얼마나 중요
한가를 다룬 후속 장들을 포괄하는 논지이기 때문에, 여기서는
해녀의 바다노동에 함축된 몸, 마음, 사회의 차원을 간단히 암시

하는 선에서 그치려 한다.

성산읍 해녀들은 바다에 들 때 벗과 연대하며 동시에 조상들과도 연대한다. 큰 해녀는 바닷속 해산물을 능숙하게 채집하는 요령도 뛰어나고(몸-신체적 차원), 일을 이루어주는 행운이나 신령한 힘들이 자신과 함께한다는 믿음 속에서 작업하며(마음·심리의 차원), 동시에 가족과 벗, 조상 등으로 대표되는 실제적, 상징적 공동체와 성심껏 관계 맺을 줄 아는 이들이다(사회적 차원) (Mauss, 2013[1934]).

조상신앙의 관점에서 재서술해 보자면 큰 해녀란 '조상'이라 불리는 인격체들과의 오랜 관계 맺음에서 오는 어떤 탁월한 사회성을 성취한 이들이다. 예를 들어, 80대 중반에도 팔팔한 현역이었던 온평리 고인순 해녀는 (오래전 배사고로 바다에서 사망한) '아방이 바다에 누워서' 자신을 지켜주기 때문에 바다에 가도 겁이 나지 않을 뿐더러 지금도 물건이 '척척 붙는다'고 말했다.

사회란 '바깥'에서 개인에게 부과되는 제약이기도 하지만, 한편으로 인간에게 살아갈 힘을 주고 개인을 개인 이상의 존재로 들어올려 고양시킨다는 뒤르켐의 명제를 떠올리면(Durkheim, 2016[1912]), 한 걸음 더 나아가 이런 추론도 가능하다. 잠수도구가 보잘것없던 먼 옛날에는 살아 있는 벗들과 이웃, 인간·비인간 조상들을 모두 포괄하는 '공동체'와 평화로운 관계성 속에 있던 해녀가 바다에서도 훨씬 수월하게 작업했을지 모른다. 그만큼 타자와 세계에 열려 있으니 바다에서도 덜 불안했을 것이고, 어쩌면 공동체에서 경험한 안도와 평화의 힘만으로도 조금 더 깊은 바다에까지 내려갔을지 모른다. 고무옷도 물안경도 없던 시절에는 따라서 채집 테크닉뿐 아니라, 공동체 내의 다양한 타자들과 성심껏 관계 맺을 줄 사회적 역량도 해녀 기예(技藝)의 중요한 일부였을 것이다. '큰 해녀는 큰 인격'이라는 명제는 무엇보다 가족에서 출발해 벗과 조상, 마을, 그리고 때로는 그 너머의 공동체를 향한 열려 있음, 그 열림의 역량을 함축한 표현이다.

4.

바다에서의
놀람과 넋 나감

바다에서의
놀람과 넋 나감

이 책은 해녀공동체의 신성한 조상이자 '토템'인 바다거북의 상징성을 다룬다. 그래서 여러 결의 해녀 경험 중에서도 바다밭을 사랑하고, 잠수(潛嫂)라는 정체성을 긍정하며, 벗 그리고 조상공동체와 연대하는 능동적 해녀의 이미지에 집중하고 있다. 여성-육체노동자로서 해녀가 겪은 사회역사적 고통, 억압, 차별 등이 연구의 초점은 아닌 셈이다.

그렇지만 2016년 나는 해녀들이 바다에서 겪은 놀람과 넋 나감, 치병의례에 관한 생생한 증언들을 접했다. 당시에는 이 경험들에 크게 주목하지 않았고 단순히 해녀 바다노동의 일부라고 생각했다. 다시 말해, 물 밑에서 뱀이나 돌고래, 사람 시신이나 이를 연상시키는 물건을 보고 깜짝깜짝 놀랄 때가 있구나 정도로 생각했다. 그렇지만 이 놀람과 넋 나감이 단순히 물 밑의 '나쁜 것들' 때문만은 아니며, 대한민국 제주라는 섬사회에서 여성-주체로서 해녀가 견뎌야 했던 사회역사적 고통과 압력의 지표일지도 모른다는 깨달음이 뒤늦게 찾아왔다. 이번 장에서는 한 고령 해녀의 증언을 토대로 해녀의 고통을 짧게나마 언급해보려 한다.

바다는 해녀의 삶의 터전으로서 해녀생업은 개인이 아니라 공동체에 기반하며 공동체를 단위로 해서만 전개된다(조혜정, 1988; 김영돈, 1999; 안미정, 2007). 얼핏 자유로워 보이는 해녀 물질은 사실 어촌계와 해녀회 차원의 여러 법적, 사회적 규율에 따라 보호받거나 규제된다.

해녀생업에서 공동체와 벗이 갖는 중요성은 이미 잘 알려진 사실이다. 물질은 개별적인 일처럼 보이지만 해녀들은 벗 없이는 물에 들지 않는다. 온평리 현순애 해녀에 따르면 "서로 벗이 되고 울타리가 되어야만 작업하는 것이 마음이 편"하고, 바람이 좀 센 날은 몇 명만 들면 불안하고 작업도 잘 안 된다.

서로 의지해 물질하기 때문에 해녀와 벗과의 관계는 각별할 수밖에 없다. 신양리 현광숙 해녀는 바다에서는 벗이 무사히 하는가 안 하는가 보게 되고, 벗이 물속에서 너무 오래 안 나와도 걱정을 하게 되고, 바다에서 같이 일하다 보니 "서로가 위로 또 걱정해주는 마음이 남달리 많아집니다."라고 했다. 그 각별함과 다정함이 어느 정도인가는 아래 예에서 잘 드러난다. 신양리 고영옥, 강인애 해녀는 담 하나를 사이에 둔 이웃이면서 한평생의 벗이었다. 내가 고영옥 해녀를 면담하러 가면 종종 강인애 해녀가 놀러와 이야기에 끼어들곤 했다.

고영옥: 우린 어데(어디에) 가면 난 신랑이고 이디는(여기는) 각시라. 어데 놀러가면 '왜 각시 안 델고 왔니?' [웃음] 자이도(쟤도) 하나고 나도 하나고.

강인애: 난 서른여섯에 혼자 됐어요.

고영옥: 난 서른서이에 혼자. 지금은 서른셋에 결혼하는 처녀들 천진데.

강인애: 아방이(남편이) 막둥이 세 살에 돌아가셨는데 그 아이가 이제 서른아홉······. 아빠 얼굴도 기억 못해요.

고영옥: 우리 막냉이도(막내도) 유복자라. 나서 육 개월 만에 남편이······.

- 신양리 상군 해녀, 78세(고영옥), 75세(강인애)

바다에서 벗이 주는 위안은 대단히 커서 벗이 없으면 해녀들은 금세 불안해진다. 가령 옆에서 물질하던 동료가 저쪽으로 가버리면 남은 해녀는 따라가야 한다. 고성리 김덕순 해녀는 "지금 나가 몸은 검질게 댕겨도 친구 하나도 없는 데선 작업 못 한다. 친구 찾아 막 히여가야(헤엄쳐 가야) 돼. 막 이녁 혼자 떨어지민(떨어지면) 죽을 것만 같아그네(같아서) 막 히여와(헤엄쳐 와)."라고 말했다. 삼달리 상군 고상희 해녀도 젊을 때는 그렇지 않았는데 나이가 드니 파도치는 바다에 혼자 있으면 무서워서 얼른 벗 쪽으로 헤엄쳐 온다고 했다.

그런데 해녀들은 왜 혼자 떨어지는 것을 두려워할까? 그들의 말에 따르면 일단 사고가 나거나 '나쁜 것'을 볼지 모른다는 불안 때문이다. 해녀들의 불안은 특히 시각적 경험과 결부돼 있는데, 현광숙 해녀는 동료가 멀리 가버리면 "어디서 나쁜 게 보이지 않을까, 물 밑에 들어가서 실수나 안 헐까." 하는 생각이 들기 때문에 더 따라다닌다고 말했다.

물속에서 '나쁜 걸' 볼지 모른다는 불안은 해녀들의 공통된 경험 중 하나다. 그 나쁜 대상에는 바닷속에서 마주치는 쇳조각, 비닐, 그물, 장갑, 옷, 돌고래, 뱀, 시신 같은 구체적 사물에서부터 귀신이나 조상 같은 형체 없는 존재들이 모두 포함된다. 그중에서도 해녀들이 가장 두려워하는 대상은 사람 시신이나 그것을 연상시키는 물체다.

> 물에 이렇게 가민(가면), 잊어먹었는지 던졌는지 몰라도, 배에 작업하다 내분(내버린) 비옷 같은 거나, 장갑 같은 거, 물에 가라앉아 있어. 진짜 놀랜다. 고무장갑 같은 거. [다섯손가락 위로 세우며] 이렇게 꽈짝(곧게) 있으면 꼭 사람 닮아. 깜짝깜짝 놀란다.
>
> - 김덕순, 고성리 상군 해녀, 74세

시신에 대한 두려움은 대단히 커서 동료가 사망했을 때도 해녀들은 그 시신 보기를 꺼린다. 고성리 김덕순 해녀에 따르면 바다에서 해녀가 사망했을 때도 각별한 친척이나 형제간, 친구가 아니면 '막 찾아들일라고 노력'하지 않는다. 성정이 모질어서가 아니라 물속 시신을 보고 나면 그 모습이 '눈에 왔다 갔다 해서', 나중에 물질을 할 때 신경도 쓰이고 가끔 병이 나기 때문이라는 것이었다.

실제로 그렇게 병을 얻은 해녀가 성산읍 온평리에 있었다. 지난날 온평리의 최고 상군이었던 고인순 해녀는 물질을 하다 동료를 잃은 적이 있었다. 바닷속으로 들어간 동료가 위로 나오지 않고 테왁(해녀들의 부력도구)만 물결에 '꺼덕꺼덕' 하고 있자, 다른 해녀들은 모두 놀라서 육지로 올라와 버렸다. 사망한 동료 옆에서 물질을 하던 고인순 해녀는 그 사건으로 '숨이 쉬어지지 않는' 병을 얻어 큰굿[13]을 해야만 했다. 그녀는 죽은 동료의 영혼이 그녀에게 '들어' 병을 얻었다고 해석했다.

> 고인순: 또 나가 바당에서 그것이 있었어. 바당에 들어신디(들었는
> 데), 저 알밭에 들어신디, 이제 애기 어멍이 ○○ 이 아이가
> [약 3-4m 거리에 있는 집 밖의 채소밭을 가리키며] 저 담줄 정도, 나
> 는 여기 숨비고(잠수하고) 가이는(개는) ᄀᆞᆺ디(가에), ᄀᆞᆺ디(가에),

13) 제주굿은 큰굿과 작은 굿으로 나뉜다(현용준, 2007[1980]). 큰굿은 각종 본풀이, 춤, 노래, 연물이 곁들여진 복잡하고 긴 굿으로, 며칠씩 진행하며 비용도 만만치 않다. 고인순 해녀가 큰굿을 했다는 것은 그 사건이 꽤나 심각했다는 뜻이다.

얕은 데로 숨빈 거라. 그디서 숨비는디 이놈의 것이, 나는 숨벼 소라 가져오고 놓곡; 소라 가져오고 놓곡 해도, 그 아이가 나타나질 안 허는 거라, 물 아래서. 난 또 막 해녀들 있는디(있는 데) 히여(헤엄쳐) 갔거든. [걱정스런 목소리로] '야야 저 ○○이 각실 보라, 나 이거 멧(몇) 번 숨벼도 물 위에 안 올라완에(올라와서), 나 이디(여기) 와신디(왔는데) 너희가 한 번 살펴보라, 나오는가 안 나오는가 한번 보라' 해네, 아이들이 그 나타나질 안 헌덴(한다고). 물 우에 안 올라온덴(올라온다고). 그런디 그 해녀들이 찾아보러 가질 안 허고, 놀래 가지고 싹 나온 거라, 살라고.

연구자: 무서워서요?

고인순: 무서와서. 물에서는 요맨(요만큼) 해도 무서와. 아이구 막 '아주멍 안 나타남신게(나타나네) 가게 가.' 그만 허고 다 가고, 들어가 불고(버리고). 그 두렁박 테왁만 꺼떡꺼덕 허지, 사람은 안 나타나는 거 아니라? 3일을 찾았어. 해경으로부터 머머 온평리 배 해녀 없이 3일을 찾아도 안 나타나신디(나타났는데). [잠시 뜸 들임] 그 아이가 ○○리, 이디 온평리 아인디 ○○리 결혼을 했어. 결혼을 했는디, 애기도 어신디(없는데), 이혼을 했어. 그 아이가 한 일주일만이 ○○리 가에 올랐어.

연구자: 죽어서요?

고인순: 죽어서 올른디(울랐는데), 이제 나가……. 그 영혼이 들어 가
지고 나가 물질을 못허겠는거라. [가슴을 치며] 숨이 넘어나
부는(버리는) 거라. [답답하다는 듯] 부산 대학병원으로 머머,
어디 대구로 가도 병이 없댕(없다고) 허고, 나는 막 숨이 넘
어나는 거라, 숨이. 게(그래) 오란(와서) 건디질 못허니까 큰
어멍 딸신디(딸한테), 굿허는 심방 이신디(있는데) 가면, 성님
나가 이추룩(이렇게) 해서 죽어질 형편이렌 허니 이백만 해
노라. 이백만 해 노면 굿허렝(굿하라고), 자기가 어느 때부터
굿허젠(굿하려고) 헤신디(했는데), 굿을 해야지 안 된다. 넘은
돌(넘은달)에, 이 넘은돌 그 더운디 굿을 헌 거라. 동네사람
들 다 웃으멍. 유월굿 했다고. [잠시 뜸들이다] 그 영혼이 들
어가지고. 나신디(나한테)……. 왜냐하믄 이녁은 죽어가는
거 보멍 나신더레(나한테) 피해 벗다(피해버렸다) 헨(해서) 죄
를 준 거라. 경헨에(그래서) 큰굿을 했어.

- 고인순, 온평리 상군 해녀, 82세

　　해녀들의 공통된 증언에 따르면 과거에는 바다에서의 사망
사고가 훨씬 잦았다. 고무옷이 보급되기 전에는 겨울바다에서
사망하는 해녀들이 많았다. 1970년대 기계배가 도입되기 전에
는 선박사고도 자주 있어서 해변으로 이름 모를 시신들이 밀려
오거나, 반대로 망자의 시신을 찾지 못하는 경우도 많았다.

게다가 과거의 제주 연안에는 무속의례로 인한 각종 이물질과 쓰레기도 많았다. 굿이 끝나면 바다에 짚배를 띄우는 배방의례가 일상화된 시절이라 그 잔해를 보고도 해녀들이 자주 놀랐다.

> 옛날엔 개인적으로 옆집 할머니가 아팠다, 그럼 바다에 가서 풀어14). 풀면 나중엔 배 짓엉(지어서) 1년이면 배 수십 개 놨어요. 수백 개. 옛날엔 푸다시만 해도 배 놨어요. 그런 뭐가 있어 옛날엔.
>
> – 오춘희, 신양리 매인심방, 50대

> 엿날엔(옛날엔) 굿해 가지고 허며는(하면) 배를 놔. 배 노며는(놓으면), 배 짓어그네(지어서) 놓거든? 경 해나부니까(그렇게 해버리니까) 해녀들이 더 놀래여.
>
> – 고희순, 제주 큰심방, 80대

해녀들이 바다에서 나쁜 것을 보고 놀라면 과거에는 푸다시, 넋들임, 추는 굿과 같은 치병의례에 의지했다. 여기서 푸다시나 넋들임은 비교적 간단한 의례지만 추는 굿은 때로 일주일 넘게

---

14)　나쁜 기운, 부정, 한(限) 등을 풀어낸다는 의미. 제주굿에는 '~풀이'라는 이름을 가진 굿들이 여럿 있다.

진행되는 큰 의례였다. 이 굿은 '두린굿'이라고도 불리며 '디스코처럼' 템포 빠른 춤을 추어 환자를 트랜스 상태로 몰고 간 다음, 몸에 든 귀신을 내어쫓는 의례다(강정식, 2015; 고광민·강정식, 2006; 현용준, 2007[1980]). 인류학 용어로는 신령들림(spirit possession)을 치유하는 의례인 셈이다.

고인순 해녀는 과거 온평리에서 추는 굿이 자주 치러졌고 그때마다 환자가 잘 출 수 있게 뒤에서 '놀아주는' 역할을 했다고 말했다. 위에서 인용한 고광민, 강정식의 연구도 과거 제주에서는 지금보다 훨씬 자주 이 굿이 치러졌다고 말한다. 고인순 해녀의 설명은 이 굿이 얼마나 길고 격렬했는가를 잘 보여준다.

(추는 굿은) 거 사람이 실망헌 사람 ᄀ치(같이) 돼, 아프지도 안 허고. 사람이 막 녹아빠져. 집에 누워 자거나 허는 것도 아닌디, 그자(그저) 댕길 때도 사람이 힘이 없어 가지고 막 뭉텅뭉텅해. 그럼 그런 거 알아져, 저 사람은 어떻게 아픈 거구나, 해그네(해서). 요새는 노래방 있고 노는 디 좋아허고 하니까 굿이 없거든? 엿날은 안 그랬어. [중략]

[추는 굿 하면] 그추룩(그렇게) 나그네(심방)가 막 놀롸(놀게 해). 심방들 지치게 허믄, 뒤에 가 우리 같은 사람들이 놀아줘야 해. 같이. 노는 아이들이 뒤에서 받침을 안 허면 놀질 못혀. 뒤에서 막 받들어 줘야 그 아이들이, 막, 미쳐 벼(버려). 어느 시간에 막 놀다가 바닷물에

막 떨어져. 그 아이가. 그런 사람이, 만약 여기서 굿을 했다민, 그 아이가 막 놀다가 정신이 핑, 하면 바다에 가 떨어져.

밤이건 낮이건 간에. 밤에 한 메칠썩(며칠씩) 했어, 바당에서. 하루 이틀 허는 거라? 삼일 안허면 일뤠꺼지(7일까지) 했어. 재수가 좋주. 허민(하면) 한 삼일 되면 [귀신이] 나는 떠나간다 해민, 자빠져. 아무 날은 머 간다, 간다, 그날은 딱 나가. 거 미쳐 벼, 사람들이. 눈이 탁 풀리고, 경 허다그네(하다가). [중략]

경혈(그렇게 할) 땐 심방들이 그래. [사람 목 잡는 시늉하며] 탁 엎질러놔. 엎질렁(엎질러서) 막 모가지 탁 눌르구, 배 다 갈라 벼. 바른말 허라구. 왜 이추룩(이렇게) 우리 못살게 구나? 딱 바른말 허라고 하민, 그 환자가 탁 주저앉아그넹(주저앉아서) 탁하고. [몇 마디 불분명함]

심방들이 손 떼민 다 굴아(말해). 굴게끔(말하게끔) 우리가 멀리 앉을 거니까, 굴라(말해라) 빨리빨리 나가라. 손 뗌시민(떼면) 아무 날은 나가고. 아무 날은 신경쓰지 말앙, 우리 떠나갈 거 알앙(알아서) 하민(하면), 경허면(그러면) 편안혀.

- 고인순, 온평리 상군 해녀, 82세

전체 내용을 요약하면 다음과 같다. ① 해녀가 바다에서 굿은 것을 보고 놀라 '구신'이 붙으면 축 늘어져서 '실망한 사람같이' 된다. ② 그러면 추는 굿을 하는데 이 굿은 하루 이틀이 아니라 '삼일 안 하면 일뤠까지'(3일에서 7일까지) 이어진다. ③ 추는 굿 절차를 보면 일단 처음은 심방이 환자를 놀려준다. 그러다 심방이 지치면 환자가 혼자서는 춤을 추지 않기 때문에, 마을 사람들이 뒤에서 같이 놀아주며 흥을 돋워주어야 한다.

그렇게 춤을 추다 보면 환자가 '미쳐 부는' 순간이 온다. ④ 그러면 심방이 환자의 목을 움켜쥐고 단호한 의례적 몸짓과 사설로 환자 속의 구신에게서 언제 떠날 것이라는 다짐을 받아낸다. ⑤ 그러면 정해진 날짜와 시간에 구신이 환자에게서 '딱딱 빠져나간다'.[15]

이러한 사례는 지난날 제주 해녀들이 겪었던 고통과 위기가 때로 대단히 심각했으며, 소위 '해녀 강인담론'이 훨씬 복합적인 결을 가지고 있음을 시사한다. 소위 강인한 여성 이미지에 가려진 해녀의 고통은 몇몇 연구자들이 탐구한 바 있다. 해녀전통의 문화유산화 붐이 일기 전에 발표된 안미정의 연구는 언론이나 학계가 유포해 온 해녀들의 '사회적 이미지'와 다르게 제주 해녀들의 자아인식이 상당히 부정적이었음을 밝힌다(안미정, 1998). 또

---

15)   현용준이 『제주도무속자료사전』에 제시한 추는 굿(두린굿)의 제차는 다음과 같다: 초감제-춤취움-대김받음-옥살지움-도진(현용준, 2007[1980]). 고인순 해녀의 설명 중 3), 4), 5)는 대략 춤취움, 대김받음, 옥살지움에 해당한다. 여기서 춤취움은 환자로 하여금 춤을 추게 하는 것, 대김받음은 환자의 몸에 침범한 귀신으로부터 떠나겠다는 다짐을 받는 것, 옥살지움은 귀신에게 독하게 군 데 대해 용서를 구하면서 원하는 것을 주어 돌려보내는 것을 뜻한다(강정식, 2015).

권귀숙은 '강인하고 독립적인 여성'이라는 해녀상이 기실 남성 중심적 이데올로기에 의한 더 큰 억압과 신화화의 결과일 수 있으며(권귀숙, 1996), 해녀경제가 식민 자본주의와 시장경제 체제에 편입된 이래 해녀들이 어떤 착취와 차별, 불평등에 시달렸는가를 추적한다(Gwon, 2015).

해녀 경험을 직접 다루지 않지만 제주 여성의 곤경에 주목한 연구들도 있다. 김성례는 제주 여성의 도채비들림이 자본주의적 경제양식에 폭력적으로 편입된 하위-주체(subaltern)로서 여성의 고통과 곤경의 산물임을 적절하게 추론하고 있다(Kim, 1992). 또 김은실은 최근 발표한 논문에서 제주4·3이 '홀어멍'들에 남긴 상흔을 탐구한다. 당시의 기억을 말할 수 없고, 말해서는 안 되며, 말하더라도 늘 뭔가 숨겨야 한다는 강박, 그 과정에서 일어나는 기억의 억압과 조작, 그리고 너무 참혹한 일들을 겪었기에 그걸 목격한 스스로가 '추접하다'라는 치가 떨리는 몸의 감각은 지독했던 먼 과거를 지금도 살아내고 있는 제주 여성들의 안타까운 모습을 보여준다(김은실, 2016).

이러한 역사적 맥락을 고려한다면 해녀들이 바다에서 겪은 놀람과 넋 나감을 새롭게 해석할 여지가 생긴다. 2016년 나는 추는 굿을 치렀던 해녀들의 생애사를 조사하지는 않았다. 그러나 남자보다는 여자들이, '요즘 말로 하면 우울증'에 걸린 사람들이 이 굿을 많이 했다는 증언을 접했다. 또 성산읍의 한 마을에서는 이 굿을 치렀던 두 여성의 사연을 지나가듯 듣기도 했다. 모두 중년의 기혼여성으로서 한 명은 '남편이 바람을 피운' 해녀였고, 다른 한 명은 부모와 남편, 자식과 인연이 끊긴 채 근근이 홀로 사는 여성이었다.

아이와 옹은 전통적으로 여성에게 강하게 요구되어 온 상징적 정결(의 교란)이 어떻게 근대화된 공장이라는 새로운 노동조건 하에서 젊은 말레이시아 여공들의 불안과 죄의식, 더 나아가 신령들림으로 이어지는가를 분석한다(Ong, 1988). 흥미롭게도 말레이 전통사회에서 신령들림의 피해자는 대부분 과부, 또는 이혼이나 남편의 바람을 경험한 기혼여성이지만 도시에서는 미혼의 여공들이다(ibid, 31). 옹의 논문은 후자를 다루지만 나는 전통사회의 경우, 가정 내 역할수행에서 혼란을 겪은 기혼여성들이 들림의 피해자였다는 사실에 주목하려 한다.

그렇다면 제주 해녀의 넋 나감 역시 그녀를 둘러싼 가정적, 사회적 곤경의 산물일 수 있다. 즉, 바다에서 '궂은 것'을 보고 넋이 나갔다기보다 이미 넋이 나갈 정도의 고통과 근심이 있었기 때문에 바다에서 그렇게 놀랐을 수 있다. 구체적인 자료가 없으므로 추는 굿을 했던 해녀가 여성으로서 겪었을 고통을 추상적으로나마 상상할 수밖에 없다.

먼저 '어머니' 혹은 '아내'라는 제한된 역할모델을 떠나서는 온전한 개인으로서 삶을 누리기가 힘들었던 전통사회 속 여성의 지위가 있다[16]. 거기에 더해 제주 출신의 육체노동자로서 해녀가 경험했을 다양한 실질적, 상징적 폭력도 빼놓을 수 없다. 특히 20세기 대한민국에서 육지와 제주, 남성과 여성, 근대와 전통, 정신노동과 육체노동 등의 위계적 이분법에서 생겨난 다양한 상징적 폭력(Bourdieu, 1980), 다시 말해 오랫동안 '해녀질'에 쏟아졌던 비하와 천시를 기억해야 한다. 가정과 마을, 자식이나 조상마저 울타리가 되어주지 못할 때, 안정적인 가정 내 역할수행이 힘들어지고 그로 인해 가정 외 사회관계마저 위태로워질 때, 전통사회 속 여성이 할 수 있는 것들은 그리 많지 않았을 것이다.

지금까지 짧게나마 '고통받는 해녀'의 표정 하나를 살펴보았다. 그렇지만 이번 장을 마치며 해녀의 삶이 불행하기만 했거나, 해녀 물질이 불안과 근심으로 가득했던 것만은 결코 아님을 강조하고 싶다. 바다는 위험한 곳이라는 손쉬운 일반론에 기댄 '해

16)　　육지부와 다른 제주 여성의 사회적 지위는 연구자들 사이에서도 의견이 엇갈리는 문제다(가령, 최재석, 1979; 조혜정, 1988; 권귀숙, 1996). 그러나 2015년 이래의 현지 조사에서 나는 제주 동부 마을사회가 부계적 이념으로부터 자유롭다거나 여성이 더 큰 결정권을 가졌다는 인상은 받지 못했다. 이기욱이 제안했듯이 제주 여성들의 능동성과 혼인에서의 상당한 결정권은 일제 식민지배, 4·3사건, 한국전쟁 등을 거치며 남성인구가 크게 감소한 제주사회의 역사적 특수성과 관련이 있다고 보며(이기욱, 2005), 현재는 오히려 제주사회가 육지부보다 더 오랫동안 유교적, 부계적 이념의 영향권 아래에 있는 게 아닌가 싶다. 이 주제는 제주의 상속제도 및 조상제사와 연관지어 더 연구해야 할 주제라고 본다.

양 위험담론'이 실제 해녀들의 현실과 거리가 멀다는 것은 안미정도 비판한 바 있다(안미정, 2011).

2016년 6월 29일, 종달리 해녀배에 승선해 뱃물질을 따라갔을 때, 나 역시 물질 나가는 해녀들 사이에서 어떤 불안이나 근심도 찾아볼 수 없었다. 배에 탄 해녀들은 유람선을 타고 놀러 가는 관광객처럼 활기찬 목소리로 잡담을 나누고 있었다. 그 왁자지껄한 목소리에는 반가움, 기쁨, 활력이 가득했다.

해녀가 '칠성판(시신을 눕히기 위해 관 속 바닥에 까는 얇은 널판)'을 지고 바다로 든다는 해녀노래도 있고, 해녀들은 "저승에서 벌어 이승에서 쓴다."라는 말도 있긴 하나, 바다가 고달프고 음침한 공간만은 아니며, 바다에 기댄 삶이 어둡고 암울했던 것만은 아니다. 해녀의 생업엔 빛과 기쁨도 있는데 그 빛은 벗과 조상, 바다에서 온다. 다음 장들에서는 어떤 자리에서든 어제보다 나은 내일을 꿈꾸고, 현재의 시련과 불행을 견딜 수 있게 하는 희망과 낙관의 원천으로서 성산읍 해녀들의 조상신앙을 살펴볼 것이다.

5.

성산읍 해녀의
조상들

성산읍 해녀의
조상들

제주에서 '조상'은 혈연, 지연조상을 포함해서 조상신, 당신, 일반신 등 다양한 무속신과 신령들을 넓게 아우르는 범주다. 제주 무속에서 당골과 무속신의 관계는 조상-자손 구도를 띠며(장주근, 1983; 현용준, 1986; 진성기, 2003[1966]; 하순애, 2003), 따라서 제주 무속신앙은 논리적으로는 확장된 '조상신앙'이라 할 수 있다.

현용준은 제주 무속에 대한 고전적 연구에서 제주 무속신들은 모두 조령(祖靈)적 성격을 갖는다고 지적했다. 그는 한 집안의 걸출한 조상 또는 비운의 조상이 조상신이 되었다가 당신으로 변모한 사례를 여럿 제시했다. 또한 뱀이 조상신에서 당신으로, 그리고 제주 전역에서 신앙되는 일반신으로 변모해 간 궤적을 추적하며, 제주의 모든 신들은 조령(祖靈)의 성격이 있고, 제주 무속신의 기원은 특정 집안의 혈연조상이었을 것이라는 논의를 펼쳤다(현용준, 1986).

진성기도 제주 심방의 기원을 신을 최초로 만난 자인 '신의성
방'으로 보면서, 당골-심방-당신은 조상과 자손의 구도 하에 있
다고 보았다(진성기, 2003[1966]). 장주근 역시 제주의 '조상' 범주는
혈연을 중심으로 한 유교의 조상개념을 넘어서며, 당신을 포함
한 여러 무속신도 조상으로 관념화된다는 것을 밝힌 바 있다(장주
근, 1983). 최근의 연구로는 하순애가 제주에서는 혈연조상을 신격
화하는 조상신앙이 대단히 강했음을 지적하였다(하순애, 2003). 그
는 조천면 함덕리의 일뤠당, 할망당, 산신당의 숭배 대상이 20세
기 초에 죽은 실존인물이라는 점에 주목하며, 그러한 현상은 제
주에서나 가능한 것으로서 제주에서는 이를테면 '조상이 신이고
신이 곧 조상'이라고 했다.

장주근은 일찍이 한국 유교제례와 무속 조상거리의 조상관
에는 차이가 나며, 제주도의 경우 조상숭배에 무속적 성격이 대
단히 짙다고 하였다(장주근, 1986). 또 최길성은 한국무속의 조상은
유교의 조상처럼 '추모'의 대상이 아니라 '신앙'의 대상이라고 분
석하였다(최길성, 1991). 유교의 조상숭배에서는 '조상'의 범주가 명
확하며 강한 부계원리를 따르는 데 반해, 무속 조상은 그 범주가
분명치 않고 부계원리도 약하다는 것이다. 이러한 조상 범주의
포괄성과 불분명함은 성산읍 해녀들의 조상인식에서도 여실히
드러난다. 해녀들이 사용하는 '조상' 범주는 로저 자넬리와 임돈
희가 연구한 내아리 여성들의 무속조상 범위마저 넘어서는데(로

저 자넬리·임돈희, 2000[1982]), 제주에서는 직계, 비직계 조상은 말할 것
도 없고 사람이 아닌 자연물과 사물(가령 바다에서 떠밀려온 나뭇조각) 등
까지 조상으로 여기거나, 조상의 성격을 부여하기 때문이다.

아직 제주 조상의 광역성을 체계적으로 논한 연구는 없다. 그
렇지만 나는 지금까지의 한국 조상연구를 구조 지어온 유교조상
/무속조상이라는 이원적 틀이 성산읍 해녀들의 '조상' 범주를 이
해하는 데는 충분치 않다고 본다[17]. 더 나아가 제주의 조상은 돌
아간 망자나 무속신 같은 개별 실체만이 아니라 어떤 속성이나
원리의 성격까지도 띠는 것이 아닌가 한다.

가령 "조상에서 도와준다."라든지 "거북도 초상이지, 우릴 지
켜주나네." 같은 말들을 보면, 의미의 강세는 주어부보다 술어부
에 찍혀 있는 것 같다. 확고한 정체성을 가진 개별 주체가 조상이
라기보다 '도와준다' 또는 '지켜준다'라는 동사의 주어가 조상이

---

17)   2017년 석사논문에서 나는 해녀들의 종교적 실천을 '무속적 조상신앙'으
로 규정했다. 그 연구에서도 성산읍 해녀들의 조상인식이 그간 한국 조상연구의
중요한 패러다임이었던 '유교적 조상숭배/무속적 조상숭배'라는 이원적 틀을 넘
어선다는 점은 밝혔지만, 종교적 혼합주의(syncretism)에 대한 이해에까지는 이
르지 못했다. 오조리 마을공동체의 중층적 종교성을 훌륭하게 관찰, 분석한 김명
미의 최근 연구(2017)가 보여주듯이, 제주민들의 종교적 실천은 유교와 무속의
조상신앙뿐 아니라 불교와 도교, 기타 '애니미즘적' 요소들이 다양하게 혼합된 것
으로 이 다원적 혼합주의(syncretism)야말로 제주 민간신앙의 본질 중 하나가 아
닐까 싶다.

라는 것이다. 이러한 논리를 끝까지 밀고 나가면 자손을 도와주는 우주 만물에 편재하는 어떤 기운, 인간의 일을 이루어주거나 그르치는 힘과 원리까지도 조상이 될 수 있다. 그때는 고인이 된 친족이나 무속신 같은 인격체만이 아니라, 각종 동식물과 사물, 더 나아가 조상적인 어떤 것, 차라리 '조상성'이라고 불러야 할 어떤 속성까지도 '조상' 범주에 포함될 것이다. 제주 '조상' 범주의 포괄성은 나의 2016년 현지 조사에서도 충분히 확인한 것이다.

이때의 '조상성'은 뒤르켐이 주장한 힘(force)으로서의 성스러움을 닮아 있다. 뒤르켐은 『종교생활의 원초적 형태』에서 성스러움(le sacre)이란 결국 어떤 강력한 힘으로서, 이 힘은 토템이나 조상, 신과 같은 개별적 대상으로 실체화되기 전에 익명적이고, 식별 불가능하며, 추상적인 상태로 한 집단 내에 널리 퍼져 있다고 보았다. 이 익명적 힘의 뿌리는 사회이며, '신'이란 결국 한 사회, 또는 그 사회가 내재한 힘의 변형태라는 것이 뒤르켐의 주장이다(Durkheim, 2016[1912]: 323).

성산읍 해녀들에게 조상은 중요한 타자로서 물리적으로 부재하지만 경험적으로 실존하는 사회적 행위자이다. 그것은 세계를 해석하고 이해하는 틀이 되어주며(김성례, 1995) '요왕할망'과 같은 신성한 조상의 경우 해녀들의 정체성의 일부를 이루는 '신화적 인격'이기도 하다(Leenhardt, 1947). 해녀들이 스스로를 자손의 입장에 놓고 그들에게 기대되는 일련의 의례적, 종교적 행위들을 꾸준히 실천한다는 점을 감안하면, 조상은 해녀들에게 중요한 대자(對自)인 '일반화된 타자(generalized other)'이기도 하다(Mead, 2015[1934]: 154).

제주에서 무속신의 기원은 신격화된 혈연조상이며, 혈연조상-자손의 관계가 신-당골 관계의 원형으로 추정되기 때문에(현용준, 1986; 하순애, 2003) 여기서는 성산읍 해녀들의 집안조상[18] 인식을 먼저 살펴보고자 한다. 임돈희에 따르면 유교의례나 무속의례에 등장하는 한국의 조상은 대체로 "정성하면 복을 주고 소홀하면 해를 준다."(물론 유교 조상은 더 근엄하며 덕스럽게 그려지며, 무속에서의 조상은 훨씬 사납고 까탈스럽게 재현된다.) "조상은 받은 값을 한다."라는 이 조상관은 제주 성산읍 해녀들의 집안조상 인식뿐 아니라 당신앙이나 용왕신앙에서도 공통된 것이다.

종달리 고복희 해녀는 "옛날 녁부터 조상이 좋아야 아기들이 잘 되는 거. 조상이 너무 싸나와그네(사나워서) 막 본밧(본봐서) 싸우고 뭐해 나민(놓으면) [자손들이] 잘 안 되어."라고 말했다. 또 고성리 김덕순 해녀는 "바당에도(바다에도) 무시거(뭐) 영(이렇게) 흥끔(조금) 잘 잡아지고 하면, 아이고 재수좋아, 우리 초상들 다 도와준 거 닮다, 경헌다(그런다). 또 나쁜 집 이신(있는) 집은, 아이구 초상이 어딨

---

[18]   돌아간 남편 등 비직계 친족까지 총칭하기 위해 여기서는 혈연조상 대신 '집안조상'이라는 용어를 사용하였다.

어? 초상 이시믄(있으면) 다 도와줄 텐디, 그런 말이 나오고 경헌다(그런다)."라고 말했다.

여기서 '돕는다'라는 동사는 성산읍 해녀들의 조상신앙을 정의하는 키워드 중 하나다. 그들은 집안조상, 용왕, 본향 할 것 없이 긍정적인 의미의 모든 조상들을 일단 돕는 존재로 여기고 있었다. 그렇게 자손을 도와주는 조상 중에서도 집안조상이 제일 각별하다. "본향도 신이니까 우리 도와달라고 마음속으로 기도는 하지만은, 그래도 우리 초상이 우선은 우선이지게."(김덕순 해녀)라는 것이다.

종달리 현여순 해녀는 자손을 돕는 집안조상의 은혜를 '혼정(魂情)'이라는 단어로 표현했다. 2016년 여름, 나는 온평리의 한 포장마차에서 어느 해녀에게 이런 이야기를 들었다.

신산리에서 해녀일을 하던 우리 친척 언니 얘기다. 물질을 하는데 어느 날 은색 바다뱀이 언니 등 쪽으로 따라왔다. 얼마 안 있어 언니는 뇌출혈로 하반신 불구가 되었다. 그런데 언니가 바다뱀 보고 쓰러진 날이 공교롭게도 아버지 기일이었다. 언니는 그날 죽을 수도 있었는데 아버지의 혼이 도와서 불구로나마 살아나게 된 것 같다.

나는 종달리 현여순, 고복희 해녀를 만난 자리에서 이 이야기를 그대로 전했다. 그런데 그들은 같은 이야기를 조금 다르게 해석했다. 아버지의 혼이 '언니 해녀'를 바다에서 내보내려고 바다뱀을 만나게 했다는 것이다.

현여순: 그 할망도 재수 궂이난(궂으니) 물에 뱀을, 물뱀을 아무나 뵈여? 그 할망. 몰라 그날 아방 제사나네(제사이니) 오늘 물에 있다간 죽을카부뎅(죽을까 봐) 이제 혼정으루 아방, 이제 영혼으루 빨리 나가렌(나가라고) 허젠사(했는지). 바다에 있으민 사고 날 셍이난(모양이니) 빨리 나가렌(나가라고) 헤신지(했는지).

고복희: 거 아버지가 탄생헌 날이난 딸을 내조친(내쫓은) 거라. 거 병신 되젠(되려고)?

연구자: 네. 여기 다리가 불편해졌다고……. 아 그게 아버지가 물에서 나가라고?

현여순: 에 그날 재수가 엇이난(없으니까), 물에서 실수해 부난에(버려서) 죽어불렌(죽어버리라고), 나가불렌(나가버리라고). 혼정으루 뱀이 올르주게(오르지). 뱀이 어떻게 등어리까지(등허리까지) 와그네(와서) 경허여(그렇게 해)? 경허난(그러니) 다리 마비 되어 그렇지 오래 있었으민 거 죽을지두 몰라 것두.

고복희: 것도 조회를(조화를) 부려.

현여순: 조회를 부린 거라.

- 종달리 은퇴 해녀, 83세(고복희), 81세(현여순)

바다에서 더 큰 사고가 날 수도 있었는데 아버지의 '혼정(魂情)' 덕분에 뱀을 만나 물 밖으로 나왔다는 것이다. 그들은 그 바다뱀이 '조회(조화)'를 부렸다고 해석했다.

집안조상이 자손을 도왔다고 여겨진 사례는 또 있다. 온평리의 고인순 해녀는 젊은 시절 배 사고로 바다에서 남편을 잃었다. 70대에 그녀는 물질을 하다 큰 파도에 휩쓸려 가슴 정중앙을 바위에 부딪친 적이 있다.

상황이 어찌나 위중했던지 병원에서도 손쓸 도리가 없다고 했다. 그녀는 죽을 날만 기다리며 한 달 넘게 병원에 누워 있었고 당시 마을 사람들이 모두 병문안을 왔다. 그러나 '도환승(환생)'하듯 그녀는 살아났고 80대인 지금도 물질을 하고 있다. 그녀는 당시의 일을 이렇게 회상한다.

거 요왕에 가서……. 바다에서 물에 탁 털어지난(떨어지니까), 멀로 탁 받친 거라 돌로. 그래 이디가(여기가) [가슴을 만지며] 막 이디서만 (여기서만) 일주일간 개인병원 가서 주사맞고 허다보난(하다 보니), 큰 병원 가라고 해서. 가서 죽을병 걸려났주(걸렸었지)……. [중략] 그래 어제 ○○이 아줌마(주: 온평리 요왕맞이에 왔던 소미小巫) 있지 않으냐? 그 아이가 똑똑혀. 그날 딱 죽으라 헐 팔잔디 아방이(남편이) 죽어선 안된다 해서 내쪼까(내쫓아) 줬덴(줬다고). 아예 직슬(직설을) 했대. 그 날이 멩이(명이) 없어져근에(없어져서) 아방이 너는 안된다 저 올라

가라 해서 아방이 내쪼까시니(내쫓았으니) 살았주. 절대 죽으렝 헌 팔자라구. 얼먹었잖아 얼먹었지.

- 고인순, 온평리 상군 해녀, 82세

고인순 해녀는 지금도 물질을 하면서 돌아간 남편을 생각한다. 살아생전 그녀는 남편과 사이가 좋았으며 남편이 돌아간 후에도 정성을 잘 들였다. 그래서 사별한 남편은 그녀의 꿈에 딱 한 번 나타났다. 그녀는 여든이 넘어서도 건강히 물질할 수 있는 이유가 '아방' 덕분인 것 같다고 했다. '아방이 물속에 누워서' 자신을 지켜보고 있다는 것이었다.

신양리 고영옥 해녀 역시 물질을 하면서 돌아간 시아버지를 생각하곤 한다. 그녀는 30대에 남편과 사별했는데 그녀의 시아버지는 생전에 그녀에게 친절한 사람이었다.

좀 지픈(깊은) 데 들어갈 때 마음적으로 소원도 드려져. 신랑은 일찍 죽어불어서 모르지만 시아버지는 같이 고생하면서 살면서, 나도 시아버지 모셔서 사니까 진짜 잘 모셨거든. 고무옷 빨아주면서 밥 먹으라고 하고, 며느리 자랑스러워하고. [중략] 그래 자꾸 물에 들면서도, 내가 자꾸 [기도하듯] '아버지, 전복 있는 데로만 가게 해줘서……' 우리 시아버님을 나가 자꾸 불러져.

- 고영옥, 신양리 상군 해녀, 78세

홀몸으로 아이들을 키우던 막막한 시절, 그녀는 돌아간 남편에게도 기도하곤 했다. "자기는 명이 짤라서(짧아서) 일찍 돌아갔지만 나라도 건강하게 하고, 물건도 마니(많이) 잡게 해 줘야, 저 자식들을 키우고 저것들을 나중에 성공을 시킬 거 아니꽈(아닙니까)?"

이렇듯 조상은 성산읍 해녀들의 삶에 정서적으로 깊이 관여한 중요한 인격체다. 어떤 면에서는 거창한 숭배의 대상이라기보다, 다시 볼 수 없는 그리운 얼굴들인 것도 같다. 살아서 정다웠던 이들이 죽어서는 남은 이들을 돕는 조상이 된다는 듯이. 이런 관점에서는 죽음도 산 자와 죽은 자를 결정적으로 갈라놓지 않는다. 망자의 빈자리는 산 자들의 기억과 소통의 자리가 되고, 지금보다 더 나은 미래를 향한 의지와 희망의 공간을 연다. 죽음이 삶을 추동하며, 떠난 자들이 남은 자들의 힘의 원천이자 빛이 된다는 이 역설이 원초적 낙관주의, 또는 심오한 희망으로서 조상이라는 이 책의 마지막 장의 주제다.

성산읍 해녀들이 믿고 의지하는 조상에는 집안조상 외에 무속신들도 있다. 제주의 무속신들은 위계화되어 있으며 고유한 직능과 관할영역이 있다(현용준, 1986). 2016년 내가 참여관찰했던 성산읍 해녀들은 대부분 본향신과 용왕신을 믿고 있었다. 또 '태운 조상'이라고 해서 특정한 집안에서만 비밀스럽게 숭배하는 조상신이 있다고 했지만 비밀스럽게 숭배하기 때문에 직접 면담을 할 기회는 없었다. 또 성산읍 해녀들은 누가 조상신을 믿는다

는 것은 대개 알지만, 아는 체하지 않는다고 하였다.

　제주의 본향당은 마을신을 모시는 당으로 각 마을에는 저마다 내력과 성격이 다른 다양한 신들이 좌정해 있다. 조선시대 이형상 목사의 신당 파괴나 일제의 탄압, 현대의 미신타파 정책 등 역사적으로 제주에서 본향당 신앙을 몰아내려던 여러 시도들이 있었지만 완전히 성공하지는 못했다(강정식, 2002; 하순애, 2003). 지금도 제주에는 약 300여 군데의 당이 남아 있다.

　성산읍에서도 당신앙은 중요해서 매년 신양리와 온평리에서는 당굿과 영등굿을 치른다. 성산읍 해녀들에게 본향신은 '조상'으로 인식되며 특히 마을 경계를 지키는 수호신의 성격이 강하다.

> 본당은 우리 부락에서 우리 자손들 다 키와주는 할망 하르방이 주게. 이 다 살펴주는. 마을 자손들 다 도와주고 허난, 하르방은 8일날이고, 할망은 7일이라. 당 지내는 날. 이건 한 사람 두 사람이 아니고 다 조상님이여 해서 가그네(가서)…….
>
> - 현여순, 종달리 은퇴 해녀, 81세

'본당'(본향신)은 '자손들 다 키와주는 할망 할으방' 같은 신이다. 고인순 해녀는 온평리는 "본향 한집(본향신)이 훤히 밝히고 있어서 영장(사람 시신)이 [온평리 해안에는] 못 오른다."라고 말했다.

한편 제주 해안마을의 당신앙은 해양신앙적 성격이 강하다(강정식, 2006; 문무병, 2008). 성산읍도 마찬가지인데 신양리 고영옥 해녀는 '[신양리] 본향이 특히나 바당을 위한 본향'이라고 말했다. 또 고인순 해녀는 온평리에서는 본향과 용왕을 늘 '같이 거느린다(같이 모신다).'라고 했다. 엄밀히 따지면 '마른 데'(육지)가 본향, '물 아래(바다)'가 용왕의 관할 영역이지만 성산읍 해녀들은 두 신격의 직능을 그렇게 엄격히 구분하지 않는다.

> 우리 본향님이영 선왕님이영 하는 거는, 우리가 이디 본향에 가면 같이 세 밧디는(군데는) 똑 연결이 되어가지고 같이 거느려. 우리가 머 요왕에 가면 요왕만 거느리지 안 허고, 본향을 거느린 다음에 요왕을 거느리고.
>
> ‑ 고인순, 온평리 상군 해녀, 82세

본향신과 용왕 중 어느 쪽이 더 중요하냐고 물었을 때, 성산

읍 해녀들은 모두 본향신이라고 대답했다. 현순애 해녀의 비유에 따르면 본향은 아버지, 요왕은 어머니이고 고영옥 해녀는 우선 본향을 찾은 뒤에야 요왕님을 찾는다고 했다. 고인순 해녀도 본향이 제일 중요한 신이며, 요왕님이나 선왕님은 바다에 다니는 사람들만 위한다고 말했다.

> 본향은 어른. 젤 어른. 대가리. 그 남은 건, 우리 영한덴(이렇게 한다고) 물질하는 식으로 바당에 눈(누운) 거나네(거니까), 바당에 눈 사람만 거느리는 거주. 요왕님아 선왕님아.
>
> - 고인순, 온평리 상군 해녀, 82세

본향신 외에, 제주 무속신 중에는 조상신이라는 범주가 있다. '조상'에 '신'자가 붙었으니 집안조상과는 다른 존재다. 이 신은 개별 가정에서 혈연조상 외에 따로 모시는 신인데(현용준, 1986; 문무병, 2008), 성산읍에서는 도채비, 밧칠성, 집안 귀신, 구신, 태운 조상 등으로 불렸다. 여기서 태운 조상이란 그 집안에 '태운(팔자에 타고난)' 조상이라는 뜻이다. 이 신의 첫 번째 특징은 일단 특정 집안에서 비밀스럽게 모신다는 점이다.

> 아무 집에나 없주게. 그 대접하는 날이 있어. 경허민(그러면) 떡이영 고기영 해 가그네(가서), 지네만(저들만) 모시는 데가 있주게. 아무

도 모르게 지네만 알게 허는. 산에다 모시젠(모시려고) 강변 바위에 만이(많이) 모시주. 음식 해 가그네 대접하는 거, 그것이 대접허는 거라.

- 현여순, 종달리 은퇴 해녀, 81세

또한 까다롭고 무서운 신으로서 잘 모시면 집안을 일으켜 주지만, 못 모시면 집안을 완전히 망하게 만든다. 아래는 온평리와 신양리에서 회자되던 '도채비' 전설인데 조상신의 성격이 잘 드러나 있다.

이금자: 옛날 어른들이 얘기를 할라며는, 옛날에는 밧에 조 있잖아, 조 알아?

연구자: 노란 거요.

이금자: 그래. 제주도 땅이 각박하니까 조, 보리, 고구마 그렇게만 먹고 살았거든? 좁씨를 심으로 밧에 가는 날은, [옛날에는] 말 가지고 밧을 골라 가지고 씨를 뿌렸거든? 말 발자국으로. 그렇게 할라며는 테우리라고 잘 한상 채려다 주거든, 일허는 분을. 말 가지고 밧 골라주러 오는 사람한테 한상 채리다 드리는 거야. 그럴 때에 내가 잊어버리고, 그 도채비 구신한테 먼저 대접을 안 허고, 그냥 밧디(밭에) 일허러, 바쁘니까 밧디 테우리 나시만(몫만) 챙겨 가지고 가버리니

표선민속촌 주쟁이(칠성)

까, 가다가 보니까 아 내가 거 도채비신한테 안 올리고 가져와졌구나, 해서 가다가 중간에서 돌아와 가지고, 부엌에, 옛날에는 부엌에 불때 가지고 아궁이에서 밥을 해 먹었잖아? 경허니까(그러니까) 그 도채비가 그 벙거지라는, 패랭이 같은 것을 쓰고 푸- 푸- 허면서 불을 불고 있더래. 집에 불 지를라고. 그래 막 잘못했다고 막 빌어가지고 대접해 드리고 밧디 갔다고, 전설같이 얘기해 옛날 할머니들이. 그렇게 무서운 거라니까.

– 이금자, 온평리 은퇴 해녀, 77세

　이 전설에 따르면 도채비는 보복하는 조상이다. 내가 면담했던 거의 모든 성산읍 해녀들은 도채비가 얼마나 무서운 조상인지, 도채비 믿던 집이 얼마나 '잘 안 되었는지'를 말했다. 자손이 없거나, 있어도 일찍 사망하며, 사고도 나고 재산도 한꺼번에 사라져 버렸다는 것이다. 특히 처음에는 집안이 불 같이 일어나지만 결국 불 같이 망해 버렸다고 했다. 신양리 고영옥 해녀는 "산 사람이 하는 거면 그렇게 빨리 부자가 되고 빨리 없어질 수가 있나? 구신이 들어서 그런 거라. 도채비 구신이."라고 말했다.
　이렇게 까다롭고 무서운 신이어서 전통적으로 제주에서는 조상신 믿는 집과는 결혼을 기피해 왔다. 결혼이나 중매 시 사돈집의 조상신 숭배 여부를 알아보는 일도 일상화되어 있었다(김혜숙, 1999). 성산읍 해녀들은 조상신 믿는 집이 망한 이유를 자손의 소홀과 조상신의 보복 탓이라고 해석했지만, 뒤르켐의 통찰을 참조하면 조상신의 위력과 영험이란 사실 그 조상신을 숭배하는 가정의 위력과 영험에 다름 아니다(Durkheim, 2016[1912]). 그렇다면 조상신 믿는 집이 대부분 망했다는 사실은 조상신의 보복보다는 조상신을 숭배하던 집안 자체가 제주의 사회경제적 맥락 하에서 대단히 취약했다는 의미로 해석해야 할 것이다. 조상신 모시는 집에 대한 사회적 인식이 그러한 사실을 시사한다.

김성례는 1984년 제주의 한 가정에서 치러진 '추는 굿'을 참여관찰하고 제주 무속의 맥락에서 조상이 어떻게 인격의 일부로 자리 잡는가를 분석했다(김성례, 1995). 그 연구는 '조상'이라는 존재가 어떻게 세계를 바라보고 해석하는 틀이 되는가를 삶의 위기 상황과 연계시켜 설득력 있게 논의한다. 그런데 김성례는 해당 연구에서 문제가 되는 '조상'이 어떤 '조상'인가를 분명히 밝히지 않고 있다. 제주 무속에서 '조상' 범주의 포괄성을 감안할 때 이 점은 다소 의아하다. 사실 그의 연구에 등장하는 '조상'은 '조상신'을 말하며('태운 조상'), 조상신은 특수한 집안에서만 모시는 조상이다. 김성례는 제주에서 '이녁 조상은 비밀'[19]인 이유를 조상의 초자연적 영향력에 대한 두려움과 경외감 때문으로 해석했다.

그런데 '이녁 조상이 비밀'인 이유가 단순히 김성례의 분석대로 조상의 영향력에 대한 두려움 때문만은 아닌 듯하다. 김성례가 제주를 현지 조사한 1984년과 2016년 사이에는 30년이 넘는 시간차가 있다. 그간 조상신앙이 약화되었음을 감안해야겠지만 2016년 현지 조사에서 조상신 믿는 집은 사회적으로 천시, 기피되고 있었다. 몇몇 해녀들은 '이녁 조상이 비밀'인 이유가 자식들의 혼사길이 막히니까 부끄러워서 숨기는 것이라고 했다.

> 연구자: 이녁 조상은 비밀……. 그런 말이 있나 봐요?
>
> 고상희: 비밀이 아니라 숨기는 거지. 만약 딸이 나면 딸이 젤 문제에요. 시집을 보내야 될 건데 혼사가 안 되거든요 그게. [중략] 멀쩡한 집안에서는 지금도 무당 신 내린 사람이라면 누가 갈려고 합니까? 그거랑 꼭 같은 이치죠. 옛날 양반들은 그걸 쌍놈 비슷하게 처지를 해가지고 [중략] 아무리 부잣집이라도 대우를 안 해줬죠. 우리 아버지도 우리 오빠를 혼사시킬려고 하니까, [신부집] 알아보니까 [조상신] 있다고 하니까, 나 안 한다 그래 가지고. 그때 아버지 말이 생생히 남아 있어요 지금도.
>
> - 고상희, 삼달리 상군 해녀, 70세

19) '저마다 자기 조상은 비밀'이란 뜻.

위 대화는 과거 제주에서 조상신 믿는 집의 사회문화적 지위
가 어떠했는가를 보여준다. 흥미로운 점은 대부분의 성산읍 해
녀들이 조상신 믿는 집을 '깨끗하지 않다.'라고 인식했다는 사실
이다.

> 그래 우선 거는 중매하는 사람한테 들어봐요. 그 집이 깨끗허
> 냐? 안 허냐?
> - 심현자, 오조리 은퇴 해녀, 68세

> 현여순: 도채비 머정이 있주(있지). 놈 안 해두 하는 거. 도채비 머정
> 이신(있는) 사람은 놈 아무 것도 못해도 허는 거. 그 사람 먼
> 저 가면 다른 사람들은 아무것도 허지 못허고. 지만 해불
> 언(해버려서)……
> 연구자: 다 쓸어가 버리는 거네요?
> 고복희: 먼저 가그네(가서), 배 탕(타고) 가그네(가서) 육지 가두, 먼저
> 그 사람 가서 허민, 뱃간에 딴 사람은 물건이 안 올라와.
> 연구자: [고복희 해녀에게] 할머니는 안 그러셨어요?
> 현여순: 이 할망은 깨끗한 할망이라. [모두 웃음] 이 할망은 도채비
> 어신디(없는 데).
> - 종달리 은퇴 해녀, 83세(고복희), 81세(현여순)

두 번째 대화를 풀이하면, 조상신 믿는 집 해녀들이 가끔 자기들만 횡재하듯 해산물을 딸 때가 있었다. 이때 주변 해녀들은 아무것도 캘 수가 없는데, 현여순 해녀는 이것을 '도채비 머정'이라고 불렀다. 그래서 나는 농담 삼아 종달리 상군이었던 고복희 해녀에게 "할머니는 혼자만 열심히 캐다가 주변 해녀들에게 폐를 끼친 적은 없습니까."라고 물었던 것이다. 그러자 고복희 할망은 '깨끗한 할망'이라는 대답이 돌아온 것이다.

그렇다면 조상신 믿는 집이나 무당집이 '깨끗하지 않다'고 여겨지는 이유는 무엇일까? 4년 전 내가 논문에 썼던 대로, 자손과 조상의 상징적 경계(Douglas, 1966)가 교란되었기 때문일까? 조상이 있어야 할 자리에 있지 않고, 조상과 자손은 떨어져 있어야 마땅하다는 제주의 '곱가름' 원리를 위반했기 때문일까?

이 문제는 당시 생각했던 것처럼 그리 간단치 않은 것 같다. 제주사회의 조상신 숭배가 어째서 극도로 음지화되었으며, 조상신 믿는 집과의 결혼을 어째서 기피했는지, 무엇보다 어째서 조상신이 "딸을 따라가 남편 집을 망하게 한다."라는 인식이 퍼지게 되었는가는 제주의 친족구조, 상속제도, 그리고 제주사회의 역사적 변천과 결부된 훨씬 광범위한 문제인 듯하다. 이 주제는 향후 후속연구를 통해 더 밝히기로 하고 이제 성산읍 해녀들의 용왕신앙을 살펴보기로 한다.

6.

용왕할망의
딸들과 그 막내딸

요왕할망 말젯똘애기

용왕할망의
딸들과 그 막내딸

요왕할망 말젯뚤애기

      2016년 8월 14일, 온평리 앞바다에서는 요왕맞이가 열렸다. 요왕맞이는 용왕에게 바다에서의 무사 안전과 풍요를 기원하는 의례로서 그날은 심방과 소미 외 10여 명의 온평리 해녀들이 참여했다. 수평선에 막 해가 떠오른 새벽 5시 40분경, 해녀들은 하나둘 보자기 꾸러미를 들고 온평리 어촌계식당 앞 공터로 모였다. 6시 정각에 심방이 나타나지 않자 한두 해녀들은 불평을 했다. 잠시 후 심방과 소미가 도착했고 모두 온평리의 검은 현무암 해변으로 내려갔다. 소미와 해녀들이 돌 위에 하얀 천을 깔고 과일과 구운 생선, 술 등을 진설했다. 요왕맞이는 대략 6시 20분쯤 시작되어 9시경 끝이 났다.

    그날 요왕맞이는 앉은제[20]로 치러졌다. 심방은 책상다리를

---

[20]   심방이 춤이나 노래를 하지 않고, 앉아서 요령(무구의 하나)을 흔들며 말명을 하는 간략한 의례.

하고 앉아 요령을 흔들며 내가 전부 알아들을 수 없는 비념을 중얼거렸다. 중간에 해녀들은 돈을 걸고 점괘를 받았다. 대부분 가족들의 건강, 일, 미래에 대한 질문이었다. 나이든 심방뿐 아니라 소미도 점을 봐 주며 모일 모일엔 조심합서(조심하세요), 명심합서(명심하세요) 등의 말을 반복했다. 해녀들이 지드림21)을 한 뒤에는 모두가 가져온 밥과 생선, 김치, 과일 등을 나누어 먹었다.

그날 아침 6시경, 제일 먼저 도착해 어촌계식당 공터에 앉아 있던 해녀들에게 물어본 게 있다. "요왕님이 지금도 해녀들한테 중요한가요?"라는 질문이었다. 그러자 70대로 보이던 한 해녀는 당연하다는 듯이 "그거 하나 믿고 하는데!" 하고 대답했다. 그 옆에 있던 해녀는 "요왕님만 믿고 바다 들어가는 거지. 아무 탈 없이 해달라고."라고 말했고, 첫 번째 해녀는 "그거 하나 믿고 목숨 바치고 다니는 거!"라고 요약했다.

목숨을 바칠 정도의 믿음이니 결코 사소한 신은 아닐 것이다. 현용준의 고전적인 제주신 분류에 따르면 용왕은 일반신, 당신, 조상신이라는 세 층위의 무속신 중에서 일반신에 속한다(현용준, 1986). 즉, 제주 전역에서 숭배되는 신이다. 한편 안미정은 김녕리 해녀사회에 관한 민족지에서 김녕리의 무속신을 크게 터신과 당

---

21)   바다에서 돌아간 조상이나 요왕에게 제물을 바치는 것. 하얀 종이에 쌀, 밥, 무명실, 동전 등을 싸서 바다에 던진다.

온평 요왕맞이

신으로 분류하고 용왕을 터신으로 규정했다(안미정, 2007: 83). 용왕이 바다, 특히 '물 아래'를 관장하는 터신이라는 지적은 해녀들의 언어사용과도 일치하며[22], 수중노동자로서 '잠녀(潛女)'라는 말의 본래적 의미와도 상통한다.

제주의 용왕의례는 다른 큰굿의 일부나 독립된 작은 굿(요왕맞이)으로 치러진다. 그때 심방은 용왕에게 해녀들의 무사안전과 풍부한 해산물의 채취를 기원한다. 한편 바다에서 사망한 이의 넋을 위무·천도하는 무혼굿도 요왕맞이와 동일한 형식으로 치러진다. 그때 심방은 바다에서 돌아간 이의 혼을 좋은 곳으로 인도해 달라고 기원한다. 제주 무속에서 용왕은 바다와 관계된 이들의 삶, 죽음, 부(副)를 관장하는 신인 셈인데, 해녀들의 인식도 크게 다르지 않다.

요왕 할마님은 전체 운영허는 할망이라. 바다의 최고신. 그추룩 (그렇게) 허난(하니) 신이 되지 요왕 할망은. 신이 된 거라. 경허난(그

---

22)　현지 조사를 하기 전에 연구자는 '용왕'을 용궁에 살고 있는 바다신쯤으로 생각하고 있었다. 그러나 성산읍 해녀들에게 '요왕'이란 인격신이라기보다 '바다'를 지칭하는 일반명사에 가깝다. 가령 '요왕 다니는 사람'은 '바다 다니는 사람'이란 뜻이다. 온평리 이금자 해녀는 다음과 같이 말했다. "요왕은 바다. 특별하게 용궁, 저 어디 토끼간 내먹는 것처럼 어디 집을 지어놓고 갔다오는 것도 아니고, 안 그러나? 바다 보고 요왕이라 하는 거지."

러니) 그 할망을 잘 위해영(위해서), 요왕이 편안해야 살아나지, 화가 나면 배도 엎어불고 허난(하니) 요왕신은 큰 신이라. 옛날에 심청이 빠지는 그런 신이라.

— 현유을, 온평리 은퇴 해녀, 91세

'화가 나면 배도 엎어불고' 하는 큰 신이라서 용왕을 편안하게 해 드려야 한다. 용왕은 해녀만이 아니고 집안 식구들의 무사안 전도 살펴주기 때문에 요왕맞이의 지드림 제차에서 해녀들은 본인뿐 아니라 가족들의 '몸지'[23]도 드린다. 지드림은 바다에서 돌아간 조상에 바치는 정성이면서, 동시에 바다에서 채집한 해산물에 대한 의례적 답례이기도 하다. 현광숙 해녀는 '요왕님이 우릴 도와줘서 이렇게 됐으니까 우리도 요왕님을 멕여(먹여) 드시게 하는' 것이 지드림이라고 말했다. 여기에는 해녀와 요왕할망 사이의 오랜 호혜성이 함축돼 있다.

> 연구자: 할머니는 바다나 요왕님한테 어떤 마음이 드세요?
> 고복희: 바다에 고맙주게. 요왕할망이 나 주니까 해녀상군도 하고.
> — 고복희, 종달리 은퇴 해녀, 83세

23) 성산읍 해녀들은 바다에 세 종류의 지를 바친다고 하였다. 용왕을 위한 용왕지. 바다에서 죽은 가족이나 친척의 넋을 위한 영혼지(또는 영개지). 그리고 해녀 본인과 가족들의 안녕을 위한 몸지.

안미정은 김녕리 잠수굿에서 요왕할망은 해녀들의 신화적 조상으로 재현되며, 매년 의례적으로 확립되는 요왕할망-해녀 간의 신화적 친족관계가 해녀들의 어로권 및 정체성 확립에 핵심적인 역할을 한다고 보았다(안미정, 2007). 여기서 나는 용왕신앙의 배타적 성격, 즉 용왕신앙의 주체와 신앙기간이 한정적이라는 점에 주목하려 한다. 즉, 용왕은 모든 이들의 신이 아니며 바다에 다니는 사람들의 신이다.

신양리 현광숙 해녀는 "바다에 안 다니는 사람은 요왕도 별 신경 안 써. 바다 안 다니는 사람은 요왕 이신지도(있는지도) 어신지도(없는지도) 몰라."라고 말했다. 종달리 고복희 해녀도 "용왕 믿으믄, 바다에 안 댕기믄(다니면) 안 가. 바다에 댕길 땐 갔지마는 이젠 안 가."라고 했다. 바다에 다니는 사람들이 바다에 '댕길 때만' 열중하는 신이 용왕인데, 그렇지만 그 믿음은 그게 없으면 물질을 할 수 없을 정도로 큰 믿음이다.

> 본향 한집은 딱 어멍으로 아버지로 생각하고, 또 물 아래 가면, 요왕님아 여기도 소라 있게 헙서(하세요), 에이고 여기도 소라있게 헙서, 또 올라와그네(올라와서) 막 지치면, 아이고 선왕님아, 아이구 요왕님아, 그렇게 믿어그네(믿어서) 물질을 해여. 아니 믿엉 물질 못해.
>
> - 고인순, 온평리 상군 해녀, 82세

바다에서 물질을 하려면 요왕할망을 믿어야 한다. 요왕할망을 믿는다는 것은 해녀들의 신성한 조상인 요왕할망이 '요왕에 다니는 자손들(해녀들)'을 잘 보살펴 주고 풍요롭게 해 줄 것임을 믿는다는 뜻이다. 해녀들의 용왕신앙도 조상-자손의 구도에 입각해 실천되는 셈인데, 이를 분명히 보여주는 에피소드 하나를 소개할까 한다. 아래는 2016년, 제주 무속신앙의 기저에 조상신앙이 있으며, 따라서 혈연조상 외의 다양한 무속신도 전부 '조상'으로 지칭된다는 사실을 잘 몰랐을 때 연구자가 종달리의 고령 해녀들과 나눈 대화다.

연구자: 지드림이 바다 가서 정성 비는 거잖아요?

현여순: 그건 바다 요왕할망한테 밥상 거는 거. 그리고 배허는 사람은 선왕. 선왕님한테 밥싸 드리는 거.

연구자: 그 정성은 왜 드리시나요?

고복희: 이녁 바다에 댕기멍(다니면서) 이제 조상에서 잘 명심해 줍서, 액을 막는 거라.

연구자: (의아해서) 조상요?

현여순: 이녁 조상. 바다 요왕할망이나 이제 선왕들이나 다 조상들이라. 다 조상이 있는 거.

장춘자: 우리들은 자손들이라. 댕겨 가면. 물 아래 살펴주는 거. [고할머니 막 웃음]

연구자: 그럼 요왕할망님이 해녀할머니들 조상인가요? 요왕할망이?

현여순: 요왕할망이 이제……. [잠시 뜸들이다 웃음 터짐] 해녀가 요왕할망 딸들이주게. [할머니들 웃음]

장춘자: 이거 우리 다 물질하면 요왕할망 딸들이라, 다.

연구자: 아 그러니까 조상님처럼 요왕할망한테 비는 건가요?

현여순: 어 우리 제 지내듯. 제사 지내듯 허는 거라.

고복희: 물아래 댕기멍, 우리 물에 댕기멍 사고나지 않게.

연구자: 아 보살펴 주세요……. 조상님처럼 굿하고?

장춘자: 다 봐 줍서 허는 거. 육지도 마찬가질 거. 배에도 선왕 있을텐디. 선왕 있거네 어디 가서 다 제 지냄실 거라. 지내고 말고.

- 종달리 은퇴 해녀, 83세(고복희), 81세(현여순), 83세(장춘자)

위 대화는 빠른 템포로 진행되었다. 고령 해녀들의 대답은 꼬리에 꼬리를 물듯 빠르게 이어졌다. 내가 "조상요?"라고 되물었을 때, 고복희 해녀는 얼마 안 되어 크게 웃음을 터뜨렸다. "요왕할망이 해녀들 조상인가요?"라고 묻자 곧 현여순 해녀도 웃음을 터뜨렸다. 그 폭소가 상당히 길게 이어졌기 때문에 잠시 이 장면의 의미를 반추해 보고자 한다.

고령 해녀들을 웃게 한 것은 분명 연구자의 어떤 무지(無知)였을 것이다. 돌이켜 보면 이 폭소는 연구자와 해녀들이 이해한 '조상'이 서로 다른 층위에 있었기 때문이 아닐까 한다. 2016년 여름, 현지 조사자인 나는 조상을 '집안에서 제사를 받는 돌아가신 어른' 정도로만 이해하고 있었다. 사실 조상이란 개념 자체에 큰 관심이 없기도 했다. 바다거북이 조상이란 주제와 그렇게 깊이 엮일 줄은 몰랐기 때문이다. "요왕할망이 해녀할머니들 조상인가요?"라고 물었을 때 나는 협소한 의미의 조상, 즉 남은 가족들이 기일을 챙기는 돌아간 핏줄이나 친척 정도를 생각하고 있었다. 그래서 내심 그거 너무 동화 같은 이야기 아닌가 하는 생각으로 물음을 던졌던 것이다.

고령 해녀들도 그 질문의 단순성과 무지(無知)를 느꼈던 것 같다. 현여순 해녀가 "요왕할망이 이제……"라고 운을 뗀 다음 결국 웃음을 터뜨린 것은 연구자가 물어온 '조상'과 그네들이 의미한 '조상'이 같지 않은데, 뭘 모르는 듯한 '총각'에게 이걸 어떻게 설명하지, 하는 난감함 때문이었을지 모른다.

현여순 해녀가 "바다 요왕할망이나 이제 선왕들이나 다 조상들이라."라고 했을 때, 그녀는 본향신과 용왕신, 기타 무속신을 전부 아우르는 의미의 '조상'을 생각했던 것 같다. 제주사회에서 통용되는 집합범주로서 '조상' 말이다. 또 "해녀가 요왕할망 딸들이주게."라고 했을 때는 평생의 바다노동에서 생겨난 해녀공동체의 연대와 결속, 그리고 그 공동체가 바다에 품은 깊은 경외와

감사를 말하고 싶었던 게 아닐까. 그러나 당시 나는 제주 조상 범주의 포괄성을 이해하지 못했고, 한 사회가 성스럽게 여기는 대상이 그 사회의 인장(emblem)일 수 있음은 더더욱 알지 못했다.

요왕할망이 해녀들의 삶에서 어떤 존재였는가는 아래의 대화에서도 잘 드러난다. 이것은 2015년 6월 사전조사에서 동일한 고령 해녀들과 나눈 대화이다

현여순: [요즘은 고무옷 입으면] 하루 종일 하지마는, [고무옷 없는] 옛날엔 삼십 분 한 시간 들어갔어. 겨울에 눈, 눈 막 오는디 들어가면 얼마나 찰 거? 물도 차겁지. 날도 춥지. 한 이십분 사나? 고동 하나 떼 와서 불만 쳐다보고. [웃음] [고복희 할머니 가리키며] 여랑 딱 붙어갖고 어, 어 [춥다는 듯 몸 떨며] 막 그러면서. [할머니들 웃음]

연구자: [웃음] 두 분이 되게 친하신가 봐요.

현여순: 물질이나 잘 허믄 뭣 허지만, 고동 하나. [저울 재는 사람에게 고동 건네주는 흉내 내며] '이거 일점 올리주쇼.' [저울 재는 사람이 마뜩잖은 표정으로 바라보는 흉내 내며] '어어. 이거 일점 안 되는데…….' [마지못해 해준다는 흉내 내며] '그려 일점 해줄게.' [웃음]

연구자: 아 무게 잴 때요?

현여순: 엉 떠주게 둘앙(달아서), 고동 받는 사람 오면, 그레 이거 일점 올려줍소. 일점 안됐지마는 경(그렇게) 허여, 올려주겠다.

연구자: 아 안타까워서?

현여순: 엉 [할머니들 웃음] 우리 그런 시절 있어……. 어이구. 옛날은 벗언(벗어서) 살구. 먹지도 못허고, 지금은 고기도 먹고 허지마는. 옛날엔 조팝에 반찬도 없이 허면 속이 허허고 더 추웠주게. 이제보담도.

이분생: 애기들도 터지고.

현여순: [가슴 웅크리며] 아기들 것 다 틀어먹고. [웃음] 그래 속이 허해부난, 터터터터 먹어부네, 옷도 이제같이 뜻신(따뜻한) 옷이 있어?

연구자: 아….

현여순: 지금은 잠바 하나만 탁 걸치믄 북삭헌(포근한) 건 있지만, 옛날은 어이구……. 어떻게 해신디(했는지) 몰라.

이분생: 살아져신디(살아졌는지)…….

고복희: 어떻게 살아져신디 몰라.

현여순: 요새는 대통령 삶이라. 아이들은.

동료 할머니: 좋은 세상이지.

[잠시 분위기 숙연해짐]

연구자: 거 요왕님 저거 아닐까요?

현여순: 머? 요왕님?

이분생: [대견하다는 투로 옆 할머니 보며] 이제 굴을(말할) 말도 없고 들을 말도 없네.

[할머니들 웃음]

고복희: 거 온평리도 댕기고(다니고) 책 멧(몇) 개 만들 거꽈(거예요)?

책 만들큰게(만들겠네). 온평리도 신양리도. [웃음]

- 종달리 은퇴 해녀, 83세(고복희), 81세(현여순, 이분생)

당시 나는 이분생 해녀의 자택에서 세 명의 고령 해녀들과 이야기를 나누는 중이었다. 그들은 서울에서 바다거북 이야기를 듣겠다고 찾아온 한 '총각'을 신기해했고 그의 두서없는 물음들에 천진하게 즐거워했다. 한평생 해녀로 살며 어여쁘게 여긴 거북이 화제에 오르자 내심 신이 나는 듯했다. 면담 중 어느 시점부터는 아예 그들 사이에 이야기꽃이 피었다. 거북을 소재 삼아 서로만 아는 옛일들을 두런두런거리다 젊은 연구자는 알 길 없는 감회에 젖기도 했던 것 같다. 그러다 현여순 해녀가 고무옷 없이 겨울바다에서 물질하던 시절을 떠올렸다. 그들은 모두 여든이 넘은 나이였다.

'어떻게 살아져신디….' 이루 말할 수 없는 것들을 겪었고, 이루 말할 수 없는 시절을 살아냈다는 듯이 누군가 그렇게 말했다. 그리고 잠시 분위기가 숙연해졌다. 나는 별 뜻 없이 "거 요왕님 덕분이 아닐까요?"라는 말을 건넸다.

그 순간 이분생 해녀는 어떻게 그런 말을 했냐는 듯, 놀라워하며 현여순 해녀를 건너다 보았다. "이제 더 알려줄 것도, 들을 것도 없네. 가서 책을 만들면 되겠네." 그들은 대견하다는 듯이 말하고는 웃음을 터뜨렸다.

　지금도 나는 그때의 질문이 해녀들의 기억 속 어디를 건드렸는지 알지 못한다. 그러나 위 에피소드는 해녀들의 그 길고 신산했던 삶에 요왕할망이 어떤 존재였을까를 한참 생각하게 만든다.

요왕할망
말젯똘애기

　'어떻게 살아져신디' 모를 긴 세월, 해녀를 살게 했던 고마운 조상이 요왕할망이니 그 할망의 '말젯똘애기'가 하찮은 생물일 리 없을 것이다. 2011년 발표된 민윤숙의 논문은 제주 해녀사회에서 바다거북이 지금도 신성한 영물임을 밝히고 있다(민윤숙, 2011).

　1장에서 언급했듯이, 바다에서 거북을 본 해녀들의 반응은 크게 두 가지다. 어떤 해녀들은 반가워하면서 기도를 하거나 소라를 까 주고, 또 어떤 해녀들은 보지 말아야 할 것을 봤다는 생각에 께림칙해한다. 바다거북에 대한 의견은 해녀들 사이에서도 엇갈린다.

　가령 온평리 이금자 해녀는 바다에서 (거북이를) 보며는 "어우

요왕할머니 말젯똘애기 재수 스망일게 해줍서." 하고 소라를 따서 거북이 앞으로 던져준다고 말했다. '조상을 봐서 반갑기' 때문이라는 것이었다. 그러나 같은 마을 최고 상군이었던 현순애 해녀는 "(거북은) 안 보는 것만큼 마음이 시원하진 않애요. 안 봐야 마음이 편하고, 보며는 어딘가 모르게 좀 마음이 불안한 그런 뭣도 있고."라고 했다. 신양리 상군 고영옥 해녀도 바다에서 거북을 보면 조심하는 마음이 들고, 절대 그 앞을 가로지르지 않는다고 말했다.

온평리에서는 10여 년 전, 바다거북이 어느 해녀의 테왁에 올라타 작업하던 해녀들이 모두 물 밖으로 나와버린 사건이 있었다. 해녀들은 그 테왁을 내버렸지만 테왁의 주인이던 해녀는 한동안 몸이 크게 아팠다. 그 뒤로 마을 해녀들은 바다거북을 피하게 되었다. 또 온평리 어촌계장인 고흥수 씨는 마을 해변에 오른 죽은 거북이나 바다거북 배송굿 장면을 촬영한 사진이 있냐고 물었을 때, 그런 사진은 찍지 않는다고 대답했다. 해외에 가서 박제된 거북도 보고 배를 몰다가 거북을 만날 때도 있지만, 용왕님이 "노할 수도 있고, 안 좋은 일이 있을 수도" 있기 때문에 아예 사진 찍을 생각도 안 한다는 것이었다. 세상이 좋아져서 스마트폰만 꺼내면 사진을 찍을 수 있는데도 말이다. 종달리에서도 사정은 마찬가지다.

연구자: 온평리 가니까 어떤 해녀분이 거북이 싫다, 어머니가 거
　　　　북 보고 아픈 적이 있어서 싫다고 하시던데요.

고복희: 몰르는(모르는) 소리지.

연구자: 몰르는 소리예요?

고복희: 몰르는 소리지.

　　　　　　　　　　　　　　　　　　　- 고복희, 종달리 은퇴 해녀, 83세

현여순: 이게 거 씨아방은(시아버지는) [거북] 올라와시난(올라오니까)
　　　　잡아서는 도세기(돼지) 주는 거 봐 났어. 거 죽었어. 그거 왜
　　　　소임 해났주게. 그거 잡앙 해 뒌에(두고는), 껍덕(껍질) 해 뒌
　　　　에, 돼지 것(먹이) 주는 거. 옛날에 돼지 질르면(기르면) 똥돼
　　　　지 질르면 밥 주는 거 만들어 놨어. 그 사람 얼마 못 살아
　　　　죽어불었어(죽어버렸어).

고복희: 요왕할망, 요왕할망 죽여부나네(죽여버려서). [할머니들 웃음]

　　　　　　　　- 종달리 은퇴 해녀, 83세(고복희), 81세(현여순)

　　첫 번째 대화에서 고복희 해녀는 '거북이가 싫다'는 반응이 뭘
'몰르는 소리'라고 말한다. 두 번째 대화를 풀이하면, 예전에 태
풍 불 때 바다거북이 살아서 종달리 해변으로 밀려온 적이 있었
다. 그때 한 마을 사람이 거북을 죽여 등껍질로 돼지 밥그릇을 만
들었는데 얼마 안 있어 죽고 말았다. 그러자 고복희 해녀는 '요왕

할망이 벌을 내린 거'라고 해석했다.

거북에 대한 이 엇갈리는 반응들을 어떻게 설명할 수 있을까? 어부이자 온평리 어촌계장인 고흥수 씨는 제주 뱀 신앙과 거북 신앙의 차이를 설명하면서 '영향력'이라는 단어를 사용했다.24)

> 구렁이 같은 경우에는 이렇게 모시고 하면 구렁이가 무슨 행운을 가져다 줄 수 있는 그런 형태가 아니고, 해코지를 한다든가 했을 때 나한테 불행이 닥친다, 그런 개념은 있어요. [혐오스럽다는 표정 지으며] 그러니까 건드리지 마라 하는. 우리 거북이 같은 경우에는 영물로 취급을 해서, 한마디로 얘기하면 어떤 영향력을 갖고 있는 성체로 생각하는 거죠. 거북이는.
>
> - 고흥수, 온평리 어촌계장, 50대

여기서 해녀와 어부들에게 거북이 '어떤 영향력을 갖고 있는 성체(聖體)'라는 말은 핵심을 꿰뚫는 설명이다. 바다거북은 어떤

---

24) 　이 증언은 어부나 해녀들에게 뱀과 거북이 엄연히 다른 범주의 조상임을 말해준다. 해녀 공동체에게 거북은 유비적 친족, 다시 말해 '유비적 흐름'이 가능해 같은 일가친척으로 여겨지는 생물이지만 뱀은 한 울타리 안에 있다는 인식이 불가능한 동물이다(Wagner, 1977).

영향력을 가진 생물이다. 바다거북을 둘러싼 다양한 금기들, 때로 모순되는 반응들의 기저에는 바로 이 '영향력'이 있다. 한 집단의 성물(聖物), 더 나아가 성스러움은 본질적으로 그 집단 또는 사회의 구성원에게 일정한 영향력을 갖는 '힘force'이라는 뒤르켐의 고전적 명제를 참조하면(Durkheim, 2016[1912]: 283-292) 거북은 해녀사회 더 나아가 제주 해안마을 공동체의 성물이며, 제주의 문화논리 하에서 이 거북의 영향력은 조상의 영향력과 본질적으로 다르지 않다. 이 점을 이해하려면 "조상이 눈에 비춘다."라는 말의 의미와 제주 무속의 '곱가름' 원리를 살펴봐야 한다.

2016년 현지 조사에서 연구자인 내가 가장 많이 접했던 표현 중 하나는 무언가가 "눈에 비춘다."라는 말이었다. 여기에는 주체가 능동적으로 무언가를 보는 것이 아니라, 주체의 의지와 상관없이 무언가 눈앞에 나타나서 어쩔 수 없이 '봐야 한다'는 수동적 의미가 들어 있다. 앞서도 해녀들이 시각적 기호에 민감하며, 바닷속에서 어쩔 수 없이 마주치는 '나쁜 것들'을 겁낸다는 것을 살펴보았다.

그런데 해녀들이 보기 싫어하는 '궂은 것들'에는 단순히 바닷속 그물, 쇳조각, 사람 옷, 장갑 같은 실제적 대상만이 아니라, 조상, 귀신, 신과 같은 상징적 대상도 포함된다. 성산읍 해녀들은 바다거북이나 뱀을 보거나, 조상이 꿈에 나타나는 것을 조상이 '눈에 비추는' 사건으로 인식하고 있었다. 여기에는 제주 무속이 마땅한 것으로 상정하는 조상과 자손의 질서, 또는 '곱가름' 원리가 깔려 있다.

> 옛날 할머니들 얘기하는 거 들으며는 어두운 데서 도와줘야 잘 된다고 그런 말이 있어요. 어두운 데서. 나가 모르는 데서도 도와줘야 잘 된다고. 조상들이 잘 도와줘야 잘 된단 소리예요 그 소리가.
>
> - 이금자, 온평리 은퇴 해녀, 77세

> 연구자: 할머니들이 "어두운 데서 도와줘야 된다."는 말도 하시던데요.
> 김석호: 그게 같은 말이야. 신이 와서 도와준다는 거여. 신은 사람한테 안 보이거든. 어두우면 사람 눈에 안 보이잖아? 귀신도 그거나 마찬가지라. 신은 어두운 데 있다. 안 보이는 데 있다.
>
> - 김석호, 수산리지 집필자, 91세

'어둡은 데서 도와줘야' 잘 된다는 인식에는 몇 가지 이항대립이 들어 있다. '어둡은 데'는 조상이 있는 곳으로서 자손이 있는 '밝은 데'와 대비된다. 또 '어둡은 데'는 어둡기 때문에 사람 눈에 보이지 않는다. 조상/ 자손, 어둡은 데/ 밝은 데, 비가시성/ 가시성이라는 이원적 구도는 더 나아가, 제주사회가 마땅한 것으로 상정하는 조상과 자손 사이의 질서를 구성한다. 제주의 문화논리 하에서 조상은 어둡은 데 있을 뿐 아니라, 어둡은 데 '있어야 한다'. 그래서 조상이 자손의 '눈에 비추는' 사건은 심상한 일이 아니다.

그렇다면 안 보여야 할 조상이 자손의 '눈에 비추는' 이유는 무엇일까? 한국의 조상신앙 전반에 크게 무지했던 본인이 이 문제의 실마리를 깨달은 계기가 있다. 2016년 7월의 어느 무덥던 날, 나는 자전거를 타고 온평리와 신산리 경계에서 포장마차를 하던 이금자 해녀를 만나러 갔다. 그때 포장마차 구석에서 한 중년 남자가 혼자 막걸리를 마시고 있었다. 이금자 해녀는 저 사람이 '완전 전문가'라며 오늘은 저기랑 면담을 하라고 말했다.

그는 과거 온평리 소미(소무小巫)의 아들로서 마을에서 점을 보거나 책문 등을 써주는 이였다. 그날은 이미 꽤 취해서 얼굴이 붉었다. 내가 '요왕할망 말젯뜰애기'에 관심있다고 했더니 그는 "거북이는 요왕사제(용왕의 신하)라."라는 말을 반복하며 제주 신화의 일부인 듯한, 그러나 발음이 꼬여 거의 내용을 알아들을 수 없는 이야기를 한참 들려주었다.

잠시 후 그는 '서편 한집'이라 불리는 온평리 뱀당을 구경시켜 주겠다고 했다. 그리고 스쿠터에 올라탔고 나더러 뒤에 타라고 했다. 조금 겁이 났지만 나는 순순히 뒷좌석에 탔다. 걱정과 달리 그는 스쿠터를 잘 몰았고 신에게 갈 때는 술이 필요하다며 중간

에 해안도로의 슈퍼에서 막걸리 두 병도 사 가지고 갔다.

온평리 '서편 한집'에 가 보니 키 큰 나무에 종이인지 헝겊인지 모를 시커멓게 색 바랜 조각보들이 매달려 있었다. 당에 접근하기 전에 그는 가져간 소주를 땅에 뿌렸다. 내게도 뿌리게 하고 남은 술은 한두 모금 마시기도 했다. 당 구경을 마친 다음 다시 스쿠터에 올라탈 때, 그는 이제 다 기억나지 않는 무슨 말을 했다. 그중에 지금 기분이 어떠냐는 질문이 있었다. 나는 조금 무섭다고 했는데 그는 내가 마을의 영험한 뱀당에 와서 그런 기분을 느낀다고 생각한 듯했다.

> 제주에서 뱀은 무서운 신이라……25) 뱀 보거든 절대 놀라지 말고, 마음을 차분하게 하고, 왜 오셨습니까…… 하고 음식을 줘서 돌려보내야 된다. 뱀 나타날 때는 무서워하지 말고. 그럴 때는 계란이라도 줘라. 하도 배가 고프니까 오는 거라.
>
> - 정길호, 온평리, 60대

25) 제주에서 뱀은 조상신, 당신, 일반신의 모든 층위에서 숭배되던 대상으로서 칠성, 안칠성, 밧칠성 등으로 불리었다(현용준, 1986). 지난날 제주의 뱀신앙이 얼마나 강력했던가는 유명한 뱀당이 있는 토산 지역 여성들이 결혼을 못 해 사회적 이슈가 된 데서도 드러난다(탁명환, 1978; 현용준·현승환, 1995). 뱀을 신성시하는 태도는 지금도 남아 있어서 내가 만난 성산읍 고령 해녀들은 여전히 뱀을 해쳐서는 안 된다고 하였다.

사소해 보이지만 이것은 나의 2016년 현지 조사에서 중요한 발견의 순간이었다. 성산읍 주민들이 다양한 '조상'들과 관계 맺는 방식에 하나의 공통된 패턴이 있다는 사실, 다시 말해 'A 부류의 조상들'에 대한 태도와 'B 부류의 조상들'에 대한 태도에 유사점이 있다는 사실을 처음으로 눈치챈 계기였기 때문이다. 우스울 만큼 기초적인 사실이지만 조상제사를 하지 않는 개신교 집안에서 컸고, 현지 조사를 하기 전까지 한국 무속과 조상신앙에 거의 백지 상태였던 내게는 특히 "하도 배가 고프니까 오는 거라."라는 문장이 주는 깨달음이 컸다.

온평리에서 뱀이 조상, 초상, 신, 귀신 등으로 인식됨을 고려하면, 뱀이 보이는 사건은 결국 조상이 '눈에 비추는' 사건이다. 그리고 그 이유는 '하도 배가 고프기' 때문이다. 다시 말해, '눈에 비추는' 조상은 '배고픈 조상'이었던 것이다. 한국 무속에서 '배고픈 조상'은 문제적 조상인데 그 조상이 무언가 만족스럽지 못하며 이는 다시 자손의 정성이 부족했다는 의미로 이어진다.

생사람도 아침 먹고, 점심 먹고, 저녁 먹어야 될 거 아니? 간식도 먹고. 경해야(그렇게 해야) 되는 건데. [조상도] 하루에 세 번은 먹어야 되지.

세 번은 먹어야 되는디, 그 세 번을 못 먹구, 이제 멧 날 메칠(몇 날 며칠) 못 먹으면 나가 배고파. 배고프면 갈 데가 없어가지고 아기(자손) 앞으로 와가지고. [자손이] 아파가지고 영(이렇게) 허며는(하면은).
우리 같은 사람들 산 받아가지고. 조상들한테 영영(이렇게 이렇게) 일
을 냉겨라(넘겨라) 허지.

- 고희순, 제주 큰심방, 80대

　성산읍 해녀들은 집안조상이 꿈에 등장하는 것도 조상이 '눈
에 비추는' 사건으로 여겼다. 가령 온평리 고인순 해녀는 44년 전
에 돌아간 남편을 언급하며 '아방한테 정성을 잘 하니까' 그 긴
세월 동안 남편이 딱 한 번 꿈에 나타났다고 말했다. 그녀는 그
일을 자랑스러워했는데, 본인의 정성에 조상이 '흡족했다'는 뜻
이었기 때문이다. 한편 조상이 눈에 비추는 사건은 일종의 징조
이자 메시지가 되기도 한다.

　우리도 집안 식구들, 혹시 무슨 일이 있어서 시꾸며는(꿈에 나타나
면) 아들한테 무슨 일이 있으려나, 그렇게 생각이 들어요. 꿈에 보
이며는. 아 며칠 있으면 또 무슨 일이 있겠구나, 또 저들 일이 나면
아 저 다 깨우쳐 줨구나(주는구나), 그렇게 생각해요. [중략] 꿈에서
보이는 게 다 생각을 하라는 뜻인 거 같아요.

- 현순애, 온평리 상군 해녀, 64세

현여순: 돌아가신 분 시꾸면.

고복희: 조심해야지.

현여순: 조심해영, 사고 남직해도(날 것 같아도) 돌아가신 분이 알이 켜(알려) 주는거. 조심허렝(조심하라고).

고복희: 나두 이, 생전 안 시꾸당 아방 시꾸면 '야 너거들 조심들 허라 아버지 시꽈라. 조심들 해라.' 그러주게. 우리 집은 아 방 시꾸면 꼭 딸이 재수가 엇어. 싸우나 뭐 허나 헌덴(한다 고). 아버지 시꿔 부난 꼭 말다툼을 허거나 무시거나 해여.

- 종달리 은퇴 해녀, 83세(고복희), 81세(현여순)

집안조상만이 아니라 제주에서 '조상'으로 여겨지는 뱀이나 거북도 마찬가지다. 집에 구렁이가 나타나거나 죽은 거북이 해 변으로 밀려오는 것도 불길한 사건, 즉 조상이 '눈에 비추는' 사 건으로 해석된다.

그때는 자꾸 구렝이(구렁이)가 나타나면 집안에 아이들도 아프 고, 또 있다가 안 좋은 일 생기고 허면, 그런 일을 막기 위해서 정 성을 허는 거거든게. [중략] 우리 눈에 나타나지 말라는 거라. 집에 나타나지 말렌(말라고) 헨에(해서) 우리가 정성을 해서 대접을 해서 보내는 거구. 거북이도 게 마찬가지게. 거북이나 칠성이나 엔간엔 간허다.

- 고영옥, 신양리 상군 해녀, 78세

안 볼 때는 마음이 홀가분허다가, 그것(거북)을 보며는 어쩐지 불안감이 들어요. [중략] 보며는, 내가 정성이 모지래서(모자라서) 눈에 보이는가, 그런 생각을 갖는 거예요. 자주 보이면 "어째 요왕할망 말젯딸이 자꾸 보염쪄(보이네)" 그러면 "지라도 들여 불라" 그런 말이 있어요.

– 현순애, 온평리 상군 해녀, 64세

거북은 '귀한 거'라서 눈에 보이면 '내가 정성이 모자라서 보이는가.'라는 생각을 불러일으킨다. 그래서 거북이가 자주 보이면 요왕할망에게 "지라도 드려불라(지드립)."라는 말이 나온다. 이제 용왕할망-바다거북-해녀로 이어지는 모계적, 신화적 친족성을 가장 함축성 있게 포착한 한 팔십대 해녀의 말을 들어보자.

고인순: 거북이영 요왕할마님이영 해그네(해서). 그자(그저) 우리가 바당에 가도 놀래구 무서와 생각하고. 그 요왕할망 말젯똘애기라 하민 우리보다 멧(몇) 대 우(위) 아니? 게난 무서운 기뱃기(기밖에) 없거든. [중략] 우린 요왕할망 말젯똘애기 그거뱃기(그것밖에) 안 불러. 곱게 갑서 곱게 갑서, 돌아오지 맙서. 물 아래 가도 그거 봥(봐서) 영영, 영영 헐 때. [헤엄치는 동작] 아이고 좋은 디레(데로) 흔저(얼른) 가붑서게(가버리세요), 무신거(무슨 것) 댕겸수꽈(다니십니까) 경허고(그렇게 하고).

연구자: 말젯똘애기가 해녀한테 오면 안 되는 건가요?

고인순: 재수가 없주게. 초상이라. 우리에게 초상이지. 우리 지켜
주난에. 게난(그러니) 우리 눈에 밝히믄(보이면) 안 되주게.

– 고인순, 온평리 상군 해녀, 82세

이 대목은 사실상 이 책의 고갱이라 할 만하다. 여기에는 성
산읍 해녀들의 바다거북 인식, 용왕신앙, 신화적 세계관 외에도
제주 무속의 조상관과 곱가름 원리, 더 나아가 비-인간 존재들에
까지 행위성을 부여하는 '샤머니즘적' 또는 '애니미즘적' 세계인
식이 다 드러나 있다.

먼저 바다거북은 해녀한테 '멧 대 우' 조상이며 그렇기 때문에
'무서운 기'밖에 느껴지지 않는다는 대목을 보자. 요왕할망이 해
녀들의 신성한 조상이니 그 막내딸인 거북은 자연히 까마득한
'멧 대 우' 조상일 수밖에 없을 것이다. 이러한 인식은 거의 신화
적인 것으로서 제주 '조상' 범주의 스펙트럼이 얼마나 넓은가를
말해주는 동시에, 까마득한 먼 옛날부터 해녀사회를 결속, 지탱
시켜 온 힘의 원천 하나를 밝혀준다.

다음으로 "우리에게 초상이지, 우리 지켜주나네."라는 설명도
중요하다. 다른 데서도 논의했듯 여기서 의미의 강세는 '지켜준
다'에 있는 듯하다. 분명하게 규정된 주체로서의 조상이 따로 있
는 게 아니고 자손을 '지켜주는' 존재들이 조상이라는 것이다. 이

조상관을 끝까지 밀고 나가면 직계나 인척 관계로 엮인 인간-망자들만이 아니라, 살아 있는 자손을 돕는 모든 존재, 동식물, 사물까지 조상이 될 수 있다. 더 나아가 자손을 돕는 존재들 속에 내재한 속성, 힘, 원리까지 조상이라고 지칭될 수 있다. 이 단계에 이르면 조상이란 어떤 실체나 존재가 아니라 조상성이라고 불러야 마땅할 어떤 것, 즉 속성이나 성질에 가까워질 것이다.

그리고 "초상이 자손 앞에 밝히면(나타나면) 안 된다."라는 언급도 주목할 만하다. 이 부분은 이번 장에서 살펴본 "조상이 눈에 비춘다."라는 말의 의미와, 다음 장에서 다룰 '곱가름' 원리, 다시 말해 제주 무속이 마땅한 것으로 상정하는 조상-자손 간의 질서를 상기시킨다. 끝으로 "곱게 갑서, 돌아오지 맙서."라는 구절도 돌아간 망자를 대하는 한국 무속의 기본정서를 함축한 표현이다. 한국 무속은 불행한 죽음에 유다른 공감과 연민을 표하지만 (최길성, 1991), 궁극적으로는 불행한 죽음뿐 아니라 모든 죽음을 가슴 아픈 일이자 '나쁜 죽음'으로 인식한다. 그래서 죽은 자는 융숭하게 대접해서 '곱게' 저세상으로 보내야 한다. 한(恨)과 부정성을 잘 풀어내어 편안해진 조상만이 자손 앞에 다시 돌아오지 않기 때문이다.

이제 죽은 거북을 바다로 되돌려보내는 배송의례를 중심으로 제주 성산읍 해녀들의 '조상'으로서 죽은 거북의 상징성을 더 자세히 살펴볼 차례다.

7.

죽은 거북에
바치는 기도

바다거북 배송의례

죽은 거북에
바치는 기도

바다거북 배송의례

        성산읍 일대에서는 죽은 바다거북이 해변으로 오르면 해녀회와 어촌계 중심으로 간단한 제를 지내고 다시 바다로 띄워보낸다. 죽은 바다거북을 바다로 돌려보내는 이 의례를 여기서는 '바다거북 배송의례(拜送儀禮)'라고 부르려 한다. 표준국어대사전에서 '배송(拜送)'은 "1. 해로움이나 괴로움을 끼치는 사람을 건드리지 아니하고 조심스럽게 내보냄"이라고 풀이되어 있다.[26] 함께 소개된 관용구를 보면 "별성마마 배송 내듯"은 "후환이 있을까 두려워서 배송(拜送)한다", "마마 손님 배송하듯"은 "행여나 가지 아니할까 염려하여 그저 달래고 얼러서 잘 보내기만 함"이라고 풀이된다. '배송'의 우리말 정의는 바다거북 배송의례를 관통하는 정서와 태도를 잘 요약하고 있다. 특히 '후환이 있을까 두려워서' '달래고 얼러서 잘 보낸다'라는 내용이 그렇다.

---

26)   국립국어원 표준국어대사전, http://stdweb2.korean.go.kr/main.jsp

바다거북 배송의례는 드물게 비주기적으로 행해지며 바다거북의 표착(漂着)과 배송(拜送)이라는 두 국면으로 이루어진다. 바다거북 사체(死體)가 예상치 않게 마을 해변으로 떠밀려 오면, 제를 지낸 다음 다시 바다로 돌려보내는 것이다.

죽은 바다거북이 제주 해안가로 밀려오는 원인은 아직 밝혀지지 않았다(정민민·문대연 외, 2012b). 성산읍 해녀들의 증언에 따르면 과거에는 지금보다 자주 올랐고 특히 태풍이 지나간 뒤에 많이 떠밀려 왔다고 했다. 횟수는 규칙적이지 않아서 많을 때는 한 해에 두세 마리, 뜸할 때는 2~3년에 한 번씩 밀려오곤 했다.

> 중국서 거 바람 올라올 때 거북이도 하나씩 올라오나네, 바당에 올라오네. 요왕 할머니라고 거북이를 막 잘 모셔야 되는 거. 그거 안 모시면 궂겨.
>
> - 현여순, 종달리 은퇴 해녀, 81세

'중국서 올라오는 바람'이란 남중국해를 경유해서 제주로 북상하는 태풍을 말한다. 태풍이 지나가면 거북이 하나씩 오르는데, 거북은 '요왕할머니'라서 잘 모셔야지 그렇지 않으면 궂은 일이 생긴다. 신양리 강인애 해녀는 거북이 "팍팍 썩어서 벌거지가 바글-바글 개고 해도 올른 거 보며는 내불지 않아여."라고 말했다. 술 막걸리 받아가지고, 흰 천에다 곱게 싸서, 다시 바다로 띄

위준다는 것이었다.

여기서 성산읍 해녀들이 죽은 거북을 땅에 묻지 않는다는 사실에 주목할 필요가 있다. 가령 온평리에서는 땅에 묻힌 거북을 해녀들이 다시 파내 바다로 띄운 적이 있었다. 온평리 현유을 해녀(91세)의 증언에 따르면, 과거 전복공장 사람들이 온평리 해변에 죽은 거북을 파묻은 적이 있었다. 그러자 그녀의 동료였던 '다부진 미영 할망'이 '매운 내가 콱콱 나는' 거북 사체를 파내어 막걸리를 대접한 다음 흰 천에 싸서 바다로 띄웠다. 그랬더니 죽었는데도 '영이 있어 나가는지' 거북이 바다로 술술 나가더라는 것이다.

> 연구자: 얼마 전에 종달리에서 들었는데 거기 배타는 분들은 [죽은 거북을] 파묻기도 하나 봐요.
> 강인애: 우린 파묻어보지 안했어. 무조건 바다에 가 띄와 주지.
> 고영옥: 건 해녀가 아니라서. 배 임자 선주니까 그렇지. 해녀는 파묻지 안 해.
> ─ 신양리 상군 해녀, 78세(고영옥), 75세(강인애)

'건 해녀가 아니라서' 파묻었다는 말이 인상적이다. 그런데 이때 해녀들이 바다로 돌려보내는 생물은 거북뿐이다. 가령 죽은 돌고래는 땅에 묻거나 그냥 내버려 둔다.[27] 고영옥 해녀는 "죽어서 올라와도 곰세기(돌고래)는 상관이 없고", 그런 건 "올르면 보기 싫으고 썩은 냄새가 나서" 치우는 것이지 거북처럼 위하지는 않는다고 말했다. 고성리 김덕순 해녀도 "딴 거 같으면 그냥 내불던지 모살에 박박 파묻든지 하지마는" 거북이는 "썩어두 바다에 가서, 좋은 곳(좋은 데)으로 가라고 해서" 제를 지내준다고 했다.

해녀들이 죽은 거북을 육지에 두지 않는 이유는 무엇일까? 일단은 죽은 거북이 오르면 해당 마을에 상서롭지 않다는 생각 때문이다. 또 죽은 거북을 보는 것 자체가 해녀들의 마음을 어둡게 한다.

> [거북 오르면] 해녀들도 안 좋고 안 좋으난 빨리 내려야 혀. 게난(그러니) 어디서 올라오면 빨리 서들랑(서둘러) 내려야 혀. 뭣이라도 바당에서 이디(여기에) 오면 부락이 안 좋아. 게난 빨리빨리 서들롸서 하는 거라.
>
> ― 고인순, 온평리 상군 해녀, 82세

> 거북이가 그 자리에서 썩는 것이 우리 속이 안 좋아. 우리 믿음이 요왕님, 요왕님 그런 믿음이 있기 때문에. 와서 모래밭에서 썩

27)　2015년 6월 사전조사 시 온평리를 방문했을 때, 온평리 이선자 해녀(50대)는 온평리 해녀탈의장 앞쪽 해변을 가리키며 '저기 저 까망한(검은) 돌무더기'가 돌고래 무덤이라고 말했다.

어서 거기서 사라지는 것보다도, 돌려보내서 좋은 데 가시라고 허면 우리 마음이 편허거든. 마음이 좋아.

- 고영옥, 신양리 상군 해녀, 78세

고인순 해녀는 "뭣이라도 바당에서 이디 오면 부락이 안 좋다."라고 말한다. 거북만이 아니고 바다에서 떠밀려오는 것들 자체가 대체로 상서롭지 않다는 뜻이다. 진성기가 채록한 제주의 옛 풍습에 따르면, 과거 제주사회에서는 해변에서 나뭇조각이나 쇳조각, 선박 잔해 등을 함부로 주워 와서는 안 된다는 믿음이 퍼져 있었다. 바다 물건을 함부로 주워오면 거기에 귀신이나 신, '배서낭' 등이 붙어와서 큰 불행이 닥친다는 것이다(진성기, 2016[1991]). 제주에서 조상이 인격의 일부로 통합되는 과정을 논구한 김성례의 연구에서도 사건의 발단은 해당 집안에서 바닷가의 '널패목'을 주워온 사건이다(김성례, 1995). 거기에 조상이 붙어와서 김성례가 논의한 긴 무속적 드라마가 펼쳐졌던 것이다.

신양리 현광숙 해녀는 바다에서 밀려온 선박 잔해, 쇳조각, 널판 등을 주워오면 안 되는 이유를 바다에서의 '죽음'과 연관시켜 설명했다. 과거에는 선박사고가 잦았고 그래서 바다 물건을 함부로 주워오면 바다에서 사망한 이들, 신원도 확인할 수 없이 비명에 간 이들의 '귀신'이 붙어 온다는 것이었다. 제주에서 '수사(水死)'는 나쁜 죽음이며 죽음의 부정성은 장소나 물건에 깃들

수 있으므로 현광숙 해녀의 설명은 제주의 문화논리에서도 타당하다.

이제 죽은 거북의 표착이 개인이 아닌 마을, 즉 공동체 차원의 근심이 된다는 사실에 주목해 보자. 과거 고성리 해녀회장을 여러 번 지냈고 죽은 거북을 아홉 번 배송한 김덕순 해녀는 "그 거북 내려올 땐 우리 집안을 얘기하질 안허구 우리 어촌계, 마을로 다시 오지 맙센 허멍 띄우는 거주." 하고 말했다. 고흥수 온평리 어촌계장도 영등굿은 제주 어민 전체를 대상으로 한 굿이라면 죽은 거북의 배송은 "우리 동네 올랐으면 우리 동네. 다른 마을까지 머머 그런 건 아니고, 우리 동네의 일"이라고 설명했다.

종달리 해녀배를 몰았던 김철삼 씨는 살았거나 죽은 거북에게 술을 대접하는 이유를 "그게 생전 안 비추던 동물이 비추거든. 뭔가 뜻이 있을 거 아뇨?"라고 말했다. 죽은 거북은 보통 1년에 한두 번, 뜸할 때는 3~4년에 한 번씩 오르는데 이때는 표착의 횟수도 문제가 된다. 다시 말해, 자주 오르면 더더욱 좋지 않다.

> 고흥수: 그게(거북) 자주 오르면, 그게 알려준다고 하는 형태로 봐
> 　　　　 오지 않았을까…….
> 연구자: 알려준다고요?
> 고흥수: 에. 불행이 많이 있을 수 있겠다, 라는 그런 형태의……
> 　　　　 알려주는 그런 의미로도 받아들일 수 있겠는데…… 그러니

까 거북이는 해녀들의 입장에서는 옆에다 두고 같이 들어
가는 거잖아요? 거북이 사는 데 가서 내가 벌어먹고 살잖
아요? 어찌 보면 같은 맥락에서, 같은 울타리 내에 있는 개
념으로 보면 될 거예요.

- 고흥수, 온평리 어촌계장, 50대

멧(몇) 년에 한 번 거북이가 다 댕기면서(다니면서) 어느 물결 따라 가
지고 올라와서, 자손들 앞에 보여라 해서 허기 때문에 보이는 거여.

- 고희순, 제주 큰심방, 80대

고흥수 계장은 죽은 거북의 표착이 해녀공동체에 있을지 모
를 불행의 징조를 '알려주는' 사건이라고 해석한다.[28] 거북이는
해녀들과 '한 울타리' 안에서 살아가는 생물이기 때문이다. 고희
순 큰심방은 아예 거북이 자기 의지와 행위성을 지닌 생물로서
'자손들 앞에 보여라 해서' 보이는 거라고 말한다.

불행의 징조와 자손의 눈에 비추기. 앞서 우리는 제주에서 이
것이 무슨 의미인지 살펴보았다. 다시 말해 죽은 거북의 표착은
조상이 '눈에 비추는' 사건인 것이다. 그 이유는 조상이 배가 고

---

28)   여기서 '알려주는' 존재는 요왕할망이라고 추측할 수 있다. 요왕할망과 인
간 사이의 '중개자'로서의 거북은 아래에서 자세히 다루고 있다.

프기 때문이며 배고픈 조상은 자손에게 불행을 줄 수 있다. 바다거북 사체(死體)의 표착이 공동체의 근심이 되는 것도 이 때문이다. 누구 한 명의 조상이 아니고 마을, 특히 해녀공동체와 결부된 조상이 죽어서 마을 해변에 올랐기 때문이다.

조상으로서 죽은 거북의 상징성은 바다거북 배송의례에서 더욱 분명히 드러난다. 그 전에 2016년 온평리 바다거북 배송의례에서 있었던 에피소드 하나를 소개하려 한다. 당시 의례에 참여했던 고흥수 어촌계장은 바다거북을 함께 띄웠던 온평리의 현 ○○ 해녀가 거북에게 "족은아방(작은아버지) 어떡하다 이데(여기) 옵디가(오셨어요)?"라는 말을 했다고 전했다.

> 고흥수: [제주서는] 우리가 흔히 애기하는데 남남한테도 여자 남자 구분 없이 삼촌이라고 하거든요? 어른한테도 하고. 그런 의미에서 '삼촌 어째 여기까지 옵데까?' 그렇게도 하고. 우리 같이 갔던 ○○ 어멍은 [거북한테] 족은아방이라 그러더라고.
>
> 연구자: 족은아방요?
>
> 고흥수: 작은아버지란 뜻인데 가족이란 의미로 받아들일 수 있지 않을까요? '족은아방 어떵허다 이디 옵디가?' 그러던데.
>
> - 고흥수, 온평리 어촌계장, 50대

바다거북은 해녀들의 '조상' 범주에 속한 생물이다. 따라서 제주서 '어른'을 두루 통칭하는 삼촌으로 부르는 것은 자연스럽다. 그런데 '족은아방(작은아버지)'이란 용어는 너무 구체적인 게 아닐까? 이 점이 궁금해서 나는 현○○ 해녀를 직접 찾아가 물어본 적이 있다. 그러나 해녀식당에서 만난 그녀는 구체적인 답변을 피했다. 어쩌면 실제 바다에서 돌아간 친척이 있었는지도 모르고, 별 뜻 없이 그렇게 말했을지도 모른다. 그러나 현 해녀의 개인사와 상관없이 거북을 구체적인 친족명으로까지 호명한다는 사실은 해녀들, 더 나아가 제주 어민들이 바다와 맺고 있는 관계가 얼마나 내밀한가를 말해주는 하나의 지표인지도 모른다.

바다밭이라는 이름에서 드러나듯 해녀의 바다는 육지와 대양 사이에 위치한 인간의 바다다. 그것은 육지밭도 아니고 집채만 한 파도가 휘몰아치는 원양도 아니다. 필립 데스콜라의 표현을 빌면 '사회화된 자연(nature socialisé)' 또는 '길들여진 자연(nature domestique)'으로서 바다다(Descola, 1986: 401). 그 바다에는 해녀들의 신화적 조상인 요왕할망이 거주하며 그 할망의 막내딸인 거북이 살아서 헤엄치고 있다. 거북이 거북이 아니라 '요왕할망 말젯똘 애기'나 '작은아방'으로 불리는 바다는 인간 없는 물-자체의 자연이 아니라, 신성한 바다신과 집안조상들이 잠들어 있는 사회적 공간이 된다.

바다거북
배송의례

오늘날 바다거북 배송의례는 해녀들이 주축이 되어 간단한 비념 형식으로 치른다. 춤이나 노래 없이 음식을 차려놓고 짧게 기도와 축원을 행한다. 민윤숙이 성산읍에서 채록한 '거북의례' 의 절차는 다음과 같다: "먼저 거북이가 해변에 떠오르면 거북이를 위해 쌀, 과일, 오렌지 주스 등을 준비해 상을 차린다. 잠수회장, 마을이장 등이 거북이 입에 막걸리를 부어 주고는 거북에게 절을 한다. 거북이의 몸과 주변에도 술을 뿌린 후 '시마지'로 거북이를 잘 싸서 바다에 띄워준다. 거북을 보내는 이 의례에서 잠수들은 '아이구 잘 갑센, 또시 오지 맙센' 하고 속으로 말하며 '요왕할마님 우리 마을 편하게 해줍서. 잠수들 스망일게 해줍서'라고 빈다"(민윤숙, 2011: 143).

성산읍 해녀들의 증언에 따르면 옛날에는 심방이 바다거북 배송굿을 직접 집전했다. 정확한 연도를 알 수는 없지만 1970년대 정부 차원의 무속억압 정책 후에 거북굿은 슬그머니 중단된 듯하다. 그 후 해녀들이 '심방 하던 거를' 따라하면서 현재의 형식이 되었는데, 현재의 바다거북 배송의례는 과거 심방의 '바다거북 배송굿'이 축소된 형태라고 볼 수 있다. [29]

우리가 지금은 나이가 드니까 우리대로 가서 참 내리고 했지마는, 그때는 이 우리도 젊었고 우리도 헐 줄 몰라가지고, 심방한테 가서 '심방님 거시기 거북이가 올라시난(올라왔으니) 와서 입담을 좀 해줍서(해주세요). 그럼 뭣을, 뭣을 해 갑니까?' 하면 그때 심방이 말해줘서 우리가 천, 하얀 천 해 가지고 거북이를 싸서 무끄고(묶고), 소주허고 참 막걸리, 막걸리는 거북이를 막 위에다가 뿌려 가지고 잘 먹고 가라고 허고. 소주는 개를 씻는다 해가지고 막걸리 해난 다음에 소주를 좀 뿌려주고 그랬어.

- 고영옥, 신양리 상군 해녀, 78세

1970년대 '거북굿'은 과소비 금지를 명분으로 중단됐던 듯하다. 읍에서 새마을 청년들이 내려와서 살기도 어려운데 이런 식으로 '소비'를 하지 말라고 막았다는 것이다. 그렇지만 고영옥 해녀는 그 후로도 거북굿을 안 한 것이 아니고 '몰르루, 몰르루(몰래)' 했다고 말한다. 그러던 것이 어느 순간 여건이 바뀌어 아예 중단돼 버린 것이다.

그렇다면 과거 바다거북 배송굿은 어떤 형태로 치러졌을까?

29) 바다거북 배송의례는 향후 축소되거나 소멸될 가능성이 크다. 2016년 나는 종달리와 신양리에서 마을 사람들이 죽은 거북을 땅에 파묻었다는 이야기를 들었다. 또 2019년에 제주를 찾았을 때 성산읍의 한 마을에서 죽은 바다거북을 '해녀들 몰래' 지게차로 실어 포대에 담아 버렸다는 지게차 기사를 만난 적이 있다.

현재 온평리 최고 상군의 남편이자 해녀를 어머니로 두었던 강용철 씨는 어린 시절 보았던 거북굿을 이렇게 회상한다.

> 과거 거북 올라오면 심방이 거북이 모셔놓고 살풀이처럼 꽹과리 치고 굿을 했다. 돌려보낼 때는 막걸리를 뿌리고 그랬다. 심방이 거북이 흉내를 내면서 요왕님한테 가서 잘 얻어먹고 왔다고 하면 요왕님이 '아, 요놈들은 됐구나, 잘 봐줘야겠다'라는 식으로 사설도 했다. '우리 말젯똘을 인간들이 잘 대접해 보냈구나, 나도 잘 봐줘야겠다'라는 식으로. 그런 이야기를 심방들이 다 사설로 했다. 영등신 대접하듯이 대접하면 거북이가 요왕한테 가서 '잘 먹고 왔다'고 말할 거라고. 대단히 재미있었다.
>
> - 강용철, 온평리, 60세

이 배송굿에서 바다거북은 해녀와 용왕 사이의 중개자로 등장한다. 사람들이 거북을 잘 대접하면 거북이 용왕에게 달려가 인간들에게 '잘 얻어먹은' 사정을 고했고, 그러면 흡족해진 용왕이 다시 사람들을 '잘 봐줘야겠다'고 말했다는 것이다. 이 의례적 구도 안에서 바다거북은 인간과 신령, 더 추상적 차원에서는 사회와 자연을 매개하는 전령이다.

해녀 – 바다거북 – 용왕 : 사회 – 동물 – 자연

순록경제의 변천을 다룬 팀 잉골드의 연구를 상기해 보면
(Ingold, 2007[1980]), 수렵, 목축사회에서 인간은 자연을 관장하는 신
령들과 주술종교적으로 소통할 줄 알아야 한다. 수렵경제에서는
신령이 인간들에게 사냥감을 증여하며(신령의 도움으로 사냥감이 인간 앞
에 자발적으로 나타나는 형식으로), 목축경제에서는 인간이 동물들의 생
육과 번식을 기원하며 신령들에게 공희물을 바친다(Ingold, 2007:
282). 두 경우 모두 인간과 신령은 서로의 의중이나 욕망을 상대
에게 전하기 위해 동물이라는 매개자를 필요로 한다. 위의 배송
굿에서는 바다거북이 그러한 매개자다.

해녀들이 채집하는 해산물의 생육과 번식은 지금도 자연의
힘에 내맡겨져 있다. 바다의 관할자인 '요왕할망'과의 우호적 관
계 맺음은 지금도 해녀들에게 중요하며, 바다거북이 여전히 신
성한 생물인 것도 이러한 생태적 맥락과 무관할 수 없을 것이다.
다른 말로 하면, 지금도 강하게 유지되는 해녀생업의 원초채집
경제적 특성과 해녀사회의 '샤머니즘적' 세계관 사이에는 일정
한 상관관계가 있는 셈이다(Hamayon, 2015)[30].

---

30)   하마용에 따르면 '인간이 생산할 수 없는 대상들'(가령 수렵사회에서의 사
냥감)에 전적으로 의지한 사회의 종교형태가 샤머니즘이다(Hamayon, 2015: 68).
이 논리에 따르면 '샤머니즘' 사회만이 생태적이며, 생태적 사회의 종교형태는 샤머
니즘적일 수밖에 없다. 그 사회에서 인간과 자연의 공존은 생존과 직결된 문제이
기 때문이다.

2016년 현지 조사에서 나는 바다거북 배송의례를 직접 관찰할 기회가 없었다. 그래서 바다거북 배송의례를 책임졌던 각 마을의 상군 해녀, 해녀회장, 고령 해녀들과의 집중적 면담을 통해 그 의례의 과거와 현재를 재구성해야 했다. 먼저 2016년 5월, 온평리에서 바다거북 배송의례를 치렀던 고흥수 어촌계장의 설명을 들어보자.

 5월에 기상이 악화돼서 20여 일 해녀들이 작업을 못 했다. 날씨좋아서 작업하러 가보니까, 죽은 거북이 오른 거를 사람들이 발견해서 나랑 해녀회장님, 부회장님네들 하고 네다섯 명이 갔다. 시마지랑 술, 과일을 가져갔다. 나 같은 경우는 집에서 향을 끓여서 손발을 향물로 씻고 나갔다. 가서 어떻게 여기까지 오셨냐고, 잘못오셨으니까 보내드린다고 입담을 했다. 그다음에 맛있게 잡숫고가라고 막걸릴 입에 부어드리고, 그런 후에 시마지로 조심해서 쌌다. 그리고 회장님하고 나하고 부회장님네들하고 [바다에] 났다. 해녀들 무사안녕을 기원하는 입담도 하고, 조심해서 편안한 곳으로가시라고 하고. 그렇게 보내드리고 올랐던 자리는 우리가 마음으로라도 저기 한다고 해서 소주 몇 병 놓고. 그 자리를 다 씻는다는의미로 술을 뿌리고 왔다.

- 고흥수, 온평리 어촌계장, 50대

이 내용과 성산읍 해녀들의 증언을 종합해 오늘날 바다거북 배송의례의 절차를 재구성하면 다음과 같다.

① 해변가에 죽은 거북이 발견되면 발견자가 해당 어촌계에 알린다.

② 어촌계장, 해녀회장 및 고령의 해녀들이 대표로 과일, 쌀, 술, 시마지 등을 준비해서 바다로 간다.

③ 거북을 잘 닦고 술과 음식을 대접한 다음 시마지천으로 곱게 싼다. 그다음 좋은 데로 가서 다시 오지 말라는 기원을 하고 바다로 띄운다. 이때 배로 끌어 먼바다로 띄워보내기도 한다.

④ 거북 죽었던 자리는 소주를 뿌려서 정화시키고 돌아온다.

그렇다면 가짓수도 많고 성격도 다양한 제주굿 중에서 과거 바다거북 배송굿은 어떤 굿으로 치러졌을까? 강용철 씨의 설명에서도 드러나듯이 일단 '요왕맞이'의 형식으로 치러졌던 것 같다. 6장에서도 소개했듯이 '요왕맞이'는 해녀나 뱃사람의 무사안전과 풍요를 기원하는 굿이면서, 바다에서 죽은 사람의 혼을 위무, 천도하는 굿이다.

연구자: [거북굿 하실 때] 어떤 말명을 하셨나요?
고희순: 요왕맞이하는 식으로. 동해요왕문도 열립서. 서해요왕문

도 열립서. 경해서. 날이우다 하구. 이제 국 섬기고. [굿에서 사설 읊듯] 아무 마을 아무 동네우다. 아무 날에 거북이가 올라왔수다. 어 그래서 요왕데레(용왕께) 보냄시메(보내니), 요왕에서 하도 해녀들 놀라게 맙서. 삼성절 물고개에 미리재기 절고개에 놀래지 맙서. 곰시기(돌고래) 떼에 채게 맙서. 물숨 먹게 맙서. 심장 들이치게 맙서. 물에 들어강, 물에 들어가며는, 가슴 답답허게 허지 말아줍서. 하다 이 자손들 펜안허게…… [중략] 경허머는, 막 엿날에는 국 섬기고 머 하고 다 해명해 올리고. 간 사람들 나이도 다 올리구 영해서 (이랬어).

- 고희순, 제주 큰심방, 80대

　이때 바다거북 사체(死體)를 감싸는 하얀 광목천은 요왕맞이에
서 용왕을 모셔들이는 '길'로 쓰인다. 용왕신 오는 길을 치우고
닦는 '요왕질침' 제차에서 굿판에 이 천을 길게 펼쳐놓는다. 그
길 위로 용왕이 다녀가고 또 무혼굿에서는 죽은 자의 영혼이 돌
아오는 것이다.

　요왕맞이가 그렇듯이 바다거북 배송의례는 위무·천도의례
이기도 하다. 사실상 육지에서 죽은 거북을 위한 장례식이기 때
문이다. 온평리 고흥수 어촌계장은 2016년 5월 의례에서 "어떻

게 여기까지 오셨냐"고, "잘못 오셨으니까 보내드린다."라는 기도를 올렸다고 했다. '잘못 오셨다'는 표현이 말해주듯 바다거북에게는 육지에서의 죽음이 나쁜 죽음이다.

> 물에서 살던 거니까 죽더라도 물에서 살아나라고, 혼이라도, 뼈다귀라도 바다에 묻으라 이런 거지. 바다에서 태어나 바다에서 살아야 할 목숨인데 뭍에 올라와서 살며는 좀 잘못된 거다. 그런 거라서 그렇지.
>
> - 현유을, 온평리 은퇴 해녀, 91세

그래서 성산읍에서는 거북을 띄울 때 꼭 '좋은 데로 가시라'고 기도를 해준다. 가령 고성리 김덕순 해녀는 바다거북을 띄울 때 "저 넓은 세상, 좋은 데 가서 우리 지역에 다시 올라오지 말앙."이라고 말한다. 또 온평리 고인순 해녀는 죽은 거북을 보내면서 "곱게 갑서, 돌아오지 맙서."라고 빌어준다고 했다.

'요왕맞이' 외에도 성산읍 해녀들은 바다거북 배송의례를 제주의 '귀양풀이'에 빗대었다. 귀양풀이는 제주에서 장례를 치른 뒤 죽음의 한을 풀어내어 죽은 자의 혼이 고이 저세상으로 가기를 기원하는 의례다(강정식, 2015: 281). 아래는 귀양풀이에 대한 오춘희 심방의 설명인데 이러한 죽음관 하에서는 액사(厄死)나 객사만이 아니라 사실상 모든 죽음이 가슴 아픈 일이며 나쁜 죽음이다.

50대 난 사람이든 40대든 갑자기 사고 나서 죽었다, 그럼 억울하잖아요? 그런 한을 풀어 드리는 거고. 또 그냥 펭범하고(평범하고) 한 90 평생 살다가, 자손들도 증손까지 한 30명 벌어지고, 집안 펭온해도(평온해도), 그래도 사람은 한 번 가면 못 돌아오는 길이기 때문. 그 길을 받아들이고 한을 풀어드리는 거에요. 사람이 죽으믄 메기다(끝이다), 죽은 사람은 말을 못한다 해도 그렇게 냉정헐 수가 있나요? 사람인데. 살아가는 것도 중요하지만 죽는 것도 중요한 거예요. 어떻게 죽느냐, 그렇게 함으로써 뒤끝. [잠시 귀양풀이 사설 읊음] 그런 거 저런 거를 잘 빌어서, 살아 있는 자손이라도 궂김 덜 허게 허고, 죽은 사람도 잘 가게 허고, 소중헌 일이야, 하고. 어저께도 나가 난산리 가서 저승질(저승길) 쳤어요. 귀양풀이.

– 오춘희, 신양리 매인심방, 60대

죽은 사람이 말을 못 해도 '그렇게 냉정할 수는' 없어서 장례식을 치르고도 다시 귀양풀이를 낸다. 이러한 마음 씀씀이는 바다거북 배송의례에도 깃들어 있다. '것도 생명이라서' 거북도 죽으면 사람 귀양내듯 바다로 고이 돌려보내 준다는 것이다.

사람도 죽어그넹(죽어서), 여기는 그날 오면 그날 귀양풀이해그네 귀양을 내여. 좋은 곳으로 가고 가시망에 걸리지 말아서 좋은 곳으로 갑서. 굿허는 넋으로. 우리 말젯똘애기 어른[거북]도 명심해

귀양풀이(2019년 오춘옥 심방)

가세 영 해그네, 그 빌어그네 천이라도 해그네 돌려보내는 거지. 경 안허면 죽건 말건 꼬랑내가 나건 말건 내불지. [중략] 우리 사람 같으면 귀양내는 식으로 좋은 데로 가주세요, 해서 기도 드려 주는 거지. 것도 생명이라서. 바당에 목숨이라서 아무나 없이난(없으니) 되질 안하기 때문에.

- 고인순, 온평리 상군 해녀, 82세

바다거북 배송의례는 정화의례이기도 하다. 앞서 고영옥 해녀와 고흥수 계장은 바다거북을 배송하고 난 뒤에 '개를 씻는다'고 해서 거북 있던 자리에 소주를 뿌려준다고 말했다.

성산읍에서는 해변가에서 사람이 죽었을 때 그 장소를 정화하는 '개씻음' 의례를 행한다. '갯닦이'라고도 부르는 이 의례는 제주의 '무혼굿'과도 성격이 비슷하다. 그러나 무혼굿이 먼바다에서 죽은 사람의 넋을 건져 위무하는 의례라면 개씻음은 사고가 난 장소를 씻는 정화의례의 성격이 강하다. 이 의례는 현용준의 『제주무속자료사전』에 소개되어 있지 않다(현용준, 2007[1980]). 기존의 제주무속 연구에서 충분히 조명되지 않았고[31] 동시에 제주에서 죽음의 부정성이 '장소'와 결부되는 사례를 잘 보여주

31) 개씻음 의례가 제주 민속학에서 거의 연구되지 않았다는 사실은 2016년, 민속학자 강정식 선생님과의 대화에서 알게 되었다.

기 때문에[32) 면담내용을 다소 길게 인용했다.

갯따끼(갯닦이)는 이 폭 안에서 사람이 죽어서 올르거든? 우리도 해녀가 요 코젱이에서 죽었어. 죽으니까 사람은 건져다가 공동묘지 묻어도 갯따끼라고 허는 건 심방 빌어가서, 글로(그리로) 가서, 거기서 죽은 혼을 건져. 혼을 건져 불고. 막 술도 뿌리고. 죽은 영혼한테 다시는 이런 일이 없게 보아달라고 해가지고. [중략] 혼 안 불른(부른) 다음에는 글로(그리로) 가도 안 혀 해녀들. 사람 죽은 그 바당에 퍼뜩 안 간다. 그래서 해녀를 위해서라도 빨리 죽은 사람 집에 가서 [대화투로] '빨리 갯닦이를 해야지, 갯닦이를 안 하면 저 해녀들 절로 왔다갔다 하는데, 무신 일 또 있으면 어떻게 할 거냐'고 재촉을 허지. 혼을 안 건지며는 혼이 바당에 있다, 그런 인식이 있는 거라.

– 고영옥, 신양리 상군 해녀, 78세

김덕순: 바다에서 사고 나서 사람이 죽었는디 그 시체가 떠 왔다

32) 유요한은 제주 토착종교(무속)의 정결개념을 다룬 논문에서 제주에서는 죽음의 영역이 살아 있는 인간의 영역에 가져오는 부정은 강조되지 않는다고 썼다(유요한, 2013: 57). 이것은 다소 이해하기 힘든 오류로서 본고에서 다룬 개씻음 의례, 해녀들의 시신 인식 외에도 시왕맞이, 귀양풀이 등 여러 제주굿들이 그 반증이 된다. 그 외에도 인류학도로서 나는 제주 조상신앙이라는 맥락을 완전히 탈각시킨 채 성과 속, 부정과 정결, 인간과 신 등 몇 가지 이론적 범주만으로 제주 토착종교를 분석한 그의 논의방식 자체에 이의가 있음을 언급해 둔다.

이? 떠오면 그것을 치우는 사람은 해경이라. 해경이 그딜 치와도 우리는 개씻음 해그네, 무당 빌어그네 쌀성 데린 다고. 다신 그 시체라도 바다에 올라오지 말고 해녀가 물에 들어도 놀래게 맙서, 쌀성 드리민 이, 항아리 깨진 것도 가서 와당탕와당탕 해서 쌀성 드린다고 해서 두드리구. 여기서 내려오는 법이, 바다에서 죽었는디, 그 개도 잘 씻구 쌀성도 드리고 안 허면, 다시 다른 바다에 사고 나도, 그때 이디를(여기를) 잘 안 허니까 아이고 이런 일이 남신가 (나는가)? 허는 생각이 들어. [중략] 우리두 한동안 고성 신양 작업하는 바당이 깨끗했는디 ○○년에 갑자기 한 사람이 죽었어. 게난(그러니) 그분이 무당은 빌어오되 우리가 몰르는(모르는) 보살을 빌어다가 [개씻음을] 했는디, 해녀 어머니들 보기에는 이제 그…… [뜸들임]

연구자: 만족스럽지가?

김덕순: 어 만족스럽지를 못 했어. 보살이 와서 둥구둥구허다가 보내니까, 그래 다음에 저쪽 바다에서 ○○이 어머니가 돌아가니까 그 말이 금방 나오는 거여. 먼저 할머니 돌아가실 때 제를, 제대로 된 심방 빌어서 안 허니까 이런 일이 났다 해서. 그래서 이쪽 할머니는 그 신양리 본향당 멘 할머니 그 분이 와 가지고 막 잘 했어. 돈도 많이 주고.

– 김덕순, 고성리 상군 해녀, 74세

두 번째 인용문을 풀이하면 신양리에서 한 해녀가 사망했을 때 해당 집안에서 사람들이 잘 모르는 '보살'을 빌려다가 개씻음을 치렀다. 제를 지내긴 했으되 의례의 집전자가 미덥지 않았던 것이다. 개운치 않은 개씻음이 있고 나서 얼마 뒤에 다른 해녀가 사망하는 일이 있었다. 그러자 해녀들 사이에 앞서 치렀던 개씻음이 만족스럽지 못해서 같은 사고가 또 일어났다는 말이 돌았다.

마지막으로, 바다거북 배송의례는 조상과 자손의 영역을 경계 짓는 분리의례이기도 하다. 사실 이 점이 가장 중요한 특성이다. 해녀들은 거북을 신성시하지만 거북과 함께 있으려고 하지 않는다. 죽은 거북을 띄워보내며 '좋은 데로 가라'는 기원에 '다시 오지 말라'는 바람을 꼭 덧붙인다. 환대 후의 이 단호한 작별을 제주 무속에서는 '곱가른다'고 표현한다.

'곱가름'은 '굽가름'으로도 표기하며 여기서 '굽'은 경계, '가름'은 가르다는 뜻이다. 즉 '곱가름'은 '경계를 가르다, 경계를 분명히 하다'라는 의미다(현용준, 2007[1980]). 진성기는『제주도 무가본풀이사전』에서 곱가름의 뜻을 "환자의 몸에 침입한 악신을 몰아내고 사람은 사람대로, 신은 신대로 갈라놓음"이라고 정의한다(진성기, 2016[1991]: 732). 그는 제대로 눈감지 못한 사령인 '죽산이(죽어서도 살아 있는 이)'를 인간에게서 떼어내는 치병의례적 관점에서 곱가름을 정의한다. 그의 설명은 분명 곱가름의 핵심을 짚고 있지만, 다른 제주굿과 본풀이 연구를 참조할 때 곱가름을 단순히 치병의례적 의미로 한정할 수만은 없을 듯하다. 곱가름은 제주굿에서 땅과 하늘의 경계를 가르거나(천지왕 본풀이), 갈등 관계에 있는 신들을 떼어놓거나(할망본풀이)[33], 죽은 자와 산 자, 귀신과 생인(生人) 사이의 경계를 분명히 하는 장면에서도 등장하기 때문이다(현용준, 2007[1980]). 그것은 굿의 개별 제차를 이루기도 하는데 곱가름 제차가 포함된 제주굿으로는 시왕맞이, 불도맞이, 귀양풀이, 추는 굿, 마누라배송 등이 있다(강정식, 2015).

제주굿의 곱가름 제차에서 심방은 두 대상의 '곱을 갈라' 그 경계를 분명히 한다. 죽은 자를 저 세계로 보내어 자손과 작별시키거나, 산 자에게 붙은 귀신, 잡신 등을 인간 세계에서 단호하게 물리친다. 여기에는 '조상과 자손은 떨어져 있어야 무탈하다.'라는 제주 무속의 조상관이 깔려 있는데 나는 '곱가름'이라는 용어를 조상과 자손의 경계를 분명히 하여, 조상과 자손 사이의 적절한 질서를 확립하는 원리라는 의미로 사용하려 한다.

곱 갈르는 거. 구신 생인 가부를 갈르는 거. 살았을 때 막 정들게, 자식들이영 가멍오멍(가며오며) 살았잖아요? 게 죽어불면, 죽은 영혼은 혼자 갈 길을 가야 하잖애? [사설조로] 게난 이 세상 미련이랑

---

33)   예를 들어, '할망본풀이'에서는 아기의 건강과 목숨을 지켜주는 삼승할망과 아기에게 병과 죽음을 가져다 주는 구삼승할망이 대립한다. 삼승할망에 대한 의례인 〈불도맞이〉에서는 두 할망을 '곱 갈라' 놓는다(강정식, 2015).

다 버려두고 저승마음 먹어부난 [중략] 비가 와도 혼자 가고, 태풍
이 불어도 바람이 불어도 눈이 와도 혼자 가야 헐 길이니까, 이승
과 저승과 곱을 갈라, 선을 굿엉(그어서) 갑서, 저 세상드레(세상으로)
잘 갑서. 죽으면 딱 이승이랑 저승 갈 길이 틀리기 때문. 그냥 죽에
밥에 서껑(섞어서) 내불면 안 되죠. 딱 구신 갈 덴 구신가고, 생인 갈
덴 생인가고.

- 신양리 매인심방, 50대

현대적 의료체계가 도입되기 전, 제주에서는 산 사람의 질병
을 신이나 조상의 징벌로 여겼고, 이러한 인식은 칠성새남, 푸다
시, 추는 굿, 영감놀이와 같은 제주의 치병굿에서 공통적으로 발
견된다(현용준, 2007[1980]; 강정식, 2015). 그 의례들에서 심방은 환자의
몸에 든 조상이나 귀신을 달래고 얼른 다음, 어느 순간 둘 사이를
단호하게 '곱 가른다'.

죽은 거북을 배송할 때도 마찬가지다. 자손들 '눈에 비춘' 거
북은 곱 갈라서 바다로 보내야 한다. 육지는 자손의 영역이라 '조
상'이 머물 데가 아니기 때문이다.

우리 생각은 그것이 요왕할마님 말잿딸애긴디, 아니 비촤그네
(비쳐서) 제자리에 ㄱ만(가만) 있어부는 게 좋은 거주. 그것도 사람
같으면 어른인디. 어른들이 머 아이들 이신디(있는데) 그추룩(그렇

게) 말 쌀쌀쌀쌀 헐수가 없는 거니까. 어른이난 질서로 가만히 어디 가 누워 이서 벼(있어 버려). 우리가 이렇게 감태를 걷어가믄, 고둥을 잡아가는디 그것이 이렇게 허믄 [갑자기 나타나는 동작] 사람이 기절초풍허는 거야.

- 고인순, 온평리 상군 해녀, 82세

거북도 사람 같으면 어른인데 어른이 '아이들' 앞에 나타나서 시끄럽게 말을 섞어서는 안 된다는 것이다. 어른은 '어른의 질서'로 어디 가서 가만히 누워 있어야지, 그렇지 않으면 자손들이 깜짝깜짝 놀라게 된다는 것이다. 이 말은 조상의 질서와 자손의 질서는 동일하지 않고, 조상의 길과 자손의 길은 구별되어야 한다는 곱가름 원리에 다름 아니다.

[거북굿도] 마찬가지죠. 그것도 딱 곱을 갈라 잘 멕영(먹여서) 다시는 이런 일 있게 말고. 만약에 거북이 올라와도 바다 다니는 자손들에 피해주지 말앙, 이 진지상 잘 받앙 좋은 딜로 가게끔, 거북이한테 환영제를 해 주는 거죠. 게난(그러니) 거북사자한테 인정도 잘 걸어드리고. 바다 다니는 사람들 되면 절이라도 한번 허고. 배도 잘 놓고. 잘 정리해 불어야죠(버려야죠).

- 신양리 매인심방, 60대

그러니까 바다거북 배송의례에도 곱가름 원리가 깔려 있다. '잘 멕영' 보내드리니 좋은 데로 가서 바다 다니는 자손들에 피해 주지 말라는 기원이 거기에 있는 것이다.

지금까지 우리는 바다거북 배송의례의 형식과 절차를 살펴보고 '비운의 조상'으로서 죽은 거북의 상징성을 다루었다. 다음 장에서는 해녀공동체의 '신성한 조상'이자 '토템'으로서 거북의 상징성에 주목할 것이다. 이때 죽은 거북은 씻어내야 할 부정의 주체가 아니라, 그치지 않는 희망의 집약체[34]로서 조상이라는 새로운 의미의 지평을 얻는다.

---

34)　'희망의 집약체로서 조상'이라는 표현은 본인의 석사논문 심사평에서 권헌익 선생님이 종달리 고령 해녀들의 '요왕할망 에피소드'(강대훈, 2017: 84)에 대해 사용하신 것이다.

8.

희망의 집약체로서
조상

희망의 집약체로서
조상

　　죽은 바다거북은 '비운의 조상' 외에
도 해녀공동체의 '신성한 조상'이라는 또 하나의 상징성을 지닌
다. 사체(死體)라는 물질성 때문에 육지에서 객사한 조상이 되지
만, '요왕할망 말쳇뚤애기'라서 해녀들의 상징적 친족이자 '토템'
이 되기 때문이다. 나는 다음처럼 해석하려 한다. 바다거북 배송
의례가 거북의 '나쁜 죽음'을 천도·위무하는 데 그치지 않고 해
녀공동체의 '신성한 조상'을 기리는 자리가 될 때, 그 의례는 모
든 인간사회에 내재율처럼 흐르는 희망의 일상적 실천이 된다.
세시의례(歲時儀禮)의 바탕이 그러하듯 내일도 오늘처럼 무사하기
를, 또는 오늘보다는 조금 더 나아지기를 염원하는 소박하고도
그침 없는 희망의 실천 말이다.

　　해녀공동체는 혈연집단이 아니다. 대부분 한 마을에 산다는
점에서 지연집단이지만 모든 마을 사람들이 해녀는 아니기 때문
에 더 정확히는 생업집단이라 할 수 있다. 해녀들 간의 끈끈한 유

대와 공동체 의식은 기존 연구에서도 여러 차례 보고되었다(김영돈, 1999; 강소전, 2005; 안미정, 2007). 특히 안미정은 김녕리 해녀공동체에서 '우리는 해녀'라는 정체성이 의례를 통해 확립된다고 보았다(안미정 2007). '요왕할망'과 해녀의 신화적 친족관계가 잠수굿에서 거듭 재확인되며, 그렇게 해녀들은 스스로를 '요왕할망'의 바닷속에서 함께 물질하는 자손들로 여긴다는 것이다.

안미정의 분석에서 '물 밑'과 '물 위'의 구분은 중요하다.[35] 해녀란 요왕할망의 공간인 '물 밑'으로 내려가 일하는 여성들이다. 연구자였던 나 자신을 포함해 대부분의 일반인은 '물 위'의 바다만을 본다. 그러나 해녀란 뻐근한 수압과 숨 못 쉬는 괴로움을 참으면서 '물 밑'으로 내려가 일하는 여성들이다. 그러한 수십 년의 '물 밑' 경험에서 형성된 해녀들 간의 유대가 어떤 것인가는 외부자는 쉽게 짐작할 수 없는 것일 게다.

성산읍 해녀들이 바다거북 사체(死體)를 방치하지 않으며 조상에 대한 예(禮)로 바다에 띄운다는 사실을 상기해 보자. 이 경외심 뒤에는 바다거북은 죽으면 안 된다, 계속 살아 있어야 한다는 더 적극적인 믿음이 자리하고 있다.

---

35)   안미정은 해녀보다 '잠수(潛嫂)'라는 용어가 적절한 이유가 '물 밑으로 내려간다', '잠수한다'는 뜻의 '잠(潛)'이 갖는 의미 때문이라고 하였다(안미정, 2007).

물 아래로 댕기지(다니지) 거북이는. 해녀 보면은 느릿느릿 저리 가벼(가버려). 그래 ㅈㄷ(해변가)에 올라오면 요왕 할망이라고, 안 된다고 바다에 띄와벼. [중략] 바당에 요왕 할머니니까. 요왕할머니기 때문에 거북이를 죽게 하면 안 돼요.

— 이분생, 종달리 은퇴 해녀, 81세

그런 거[바다거북 배송의례] 잘해서 보내야 우리 마을에 좋은 일이 있거든요. 해녀들이 바다에 다니면서 지장 없게끔, 무사하게 해주십사, 다 마음속으로 빌고. 어이고 요왕님 넓은 바다로 가서, 다시 살아나 가지고 우리를 도와주십사 하는 마음도 있고.

— 현광숙, 신양리 은퇴 해녀, 70세

민윤숙이 성산읍 일대에서 채록한 바다거북 속신에도 '거북은 죽지 않는다.'라는 내용이 여럿 포함돼 있다. 가령, 성산읍 해녀들은 '거북이는 죽었어도 살아난다, 아홉 번 죽고 열두 번 환생한다, 해변에서 죽은 거북은 사실 죽은 게 아니라 죽은 척했을 뿐이다.'라고 믿는다(민윤숙, 2011). "거북은 요왕 말쳇뚤애기라네, 죽었담두 도환승해 산다는 거(거북은 용왕 막내딸아기이니, 죽었어도 환생해 산다는 짓)."라는 말은 2016년 현지 조사에서 나도 확인한 바 있다.

여기서 관건은 바다거북의 생애주기가 얼마인지, 성산읍 해녀들이 거북도 죽는다는 사실을 아는지 모르는지 등이 아닐 것이다. 물어야 할 질문은 어째서 그들은 거북이 죽지 않으며, 죽어도 계속 되살아날 수 있다고 믿는가이다. 뒤르켐에 따르면 성스러움의 기원은 사회로서 한 사회가 숭배하는 성물이 그 사회를 결속·규정하며 그 둘은 흥망성쇠를 함께 나눈다. "숭배하는 사람들이 없을 때 신들은 죽으며", 반대로 인간이 살기 위해서는 그가 숭배하는 신들이 죽어서는 안 된다(Durkheim, 2016[1912]: 494).

"한 집단이 하나의 표상을 중심으로 연대한다."라는 뒤르켐의 토템 정의에 근거하면, 바다거북을 해녀공동체의 토템으로 간주할 수 있다. 바다거북 역시 해녀공동체와만 연관되는 변별성을 갖는데, 앞장에서 보았듯이 죽은 뱀이나 돌고래가 아니라 죽은 거북만이 해녀들을 근심하게 만든다. 동시에 해녀가 아닌 이들은 바다거북 배송의례에 큰 관심이 없다.

그 대상이 사람이든 동물이든, 무언가의 주검에 대한 존중은 결국 그것의 생명에 대한 존중이라 할 때, 바다거북의 장례식인 바다거북 배송의례는 결국 바다거북의 생명을 존중하는 의식일 것이다. 그 의례는 다시 위 논리에 따라 해녀공동체의 힘과 정체성을 기리는 의식이 된다. 거북을 위하는 이들이 없을 때 요왕할망과 그 막내딸은 '죽어' 잊혀지며, 그러면 해녀공동체를 돕던 신성한 조상들이 사라지기 때문이다.

인류학자 로베르트 하마용은 시베리아 수렵민들의 샤머니즘을 시련과 불확실에 맞선 인간 의지의 활동으로서 '낙관주의의 창조'와 연관짓고 있다(Hamayon, 2012). 시베리아 수렵사회의 점치기 도구는 북채나 숟가락, 작은 주발 등인데 동전처럼 두 개의 면뿐이라 던졌을 때 좋은 쪽 아니면 나쁜 쪽이 나온다. 그런데 이 도구들의 형태는 '좋은 쪽'이 자주 나오게끔 비대칭적이며, 수렵민들도 '좋은 쪽'이 나올 때까지 계속해서 점을 던진다. 그러니까 이 점치기에서는 어떻게서든 '좋은 쪽'이 나올 수밖에 없고, 사람들은 여러 번 점을 던져 결국 미래가 '좋다'는 괘를 보고 나서야 만족한다(Hamayon, 2012: 17).

샤먼이 주관하는 의례의 일부인 점치기는 대략 세 단계로 진행된다. ① 먼저 괘를 던져 '좋은 쪽'이 나와야 한다. ② 점치기의 의뢰자는 샤먼의 지시에 따라 자신에게 호기와 행운이 왔고 그래서 계획한 일을 믿음과 의욕을 가지고 수행할 것임을 큰 목소리로 맹세해야 한다. 이 발화-행위는 점괘가 약속하는 더 나은 미래를 의뢰자가 최선을 다해 현실화하겠다는 능동적 참여의 약속이다. ③ 끝으로 계획한 일의 결과에 따른 책임분배가 있다.

여기서 중요한 것은 1번과 2번이다. 일의 결과는 그리 중요치 않다. 수렵민들의 점치기는 대부분 사냥과 연관되는데 사냥감을 잡을 때보다 놓칠 때가 더 많다. '좋은 쪽'이 나왔는데도 실패했을 때 수렵민들은 점괘가 '좋은 쪽'이 나왔기 때문에 더 나쁜 결과를 피할 수 있었다고 믿는다. 할 수 있는 모든 걸 했으므로 편안하게 사냥을 했으며 설사 실패했더라도 더 큰 화를 면할 수 있었다는 것이다. 게다가 내일은 더 좋은 일이 생길지도 모르는 일 아닌가? 이러한 쉼 없는 낙관주의 덕분에 그들은 즐거운 마음으로 계속 사냥을 할 수 있다. 하마용에 따르면 여기에는 피할 수 없는 상실과 불행은 최소화하고, '지금, 여기'서 붙들 수 있는 최대한의 기회를 붙잡아 더 나은 내일을 창조하려는 수렵민들의 능동적 지혜가 있다(ibid., 31).

나는 거북의례만이 아니라 성산읍 해녀들의 무속적 실천 전반에 이러한 원초적 '낙관주의'가 함축되어 있다고 본다. 제주의 문화논리 하에서 그 희망의 빛은 조상에서 오는데, 이러한 관점은 한편으로 한국 무속을 조금 새로운 각도에서 이해할 수 있는 가능성을 열어준다.

한국 무속이 사회경제적 조건들에 완전히 밀착한 현세적 기복주의의 양상을 띠거나(가령 IMF 경제위기 이후, 서울 지역의 무속과 자본주의의 결합양상을 관찰한 연구, Kendall, 2009), 국가폭력이 낳은 억울한 죽음을 고발하고 그들의 한을 발화, 치유하는 공간이 되거나(Kim, 1989), '만들어진 전통'으로서 권위주의 정권에 대항한 정치적 저항에 활용되는 사례(김광억, 1991)를 우리는 알고 있다. 제주 무속도 이러한 경향들과 완전히 무관하지는 않을 것이다. 그러나 제주 성산읍 해녀들의 무속적 실천에는 소박한 생업의 자리에서 현재의 시련들을 긍정하고, 오늘보다 조금이나마 나은 내일을 희망하게 하는 원초적 낙관주의의 차원이 분명히 존재한다고 생각한다. 이번 장의 제목도 한국 무속연구에서 거의 조명되지 않은 이 '희망의 일상적 실천'으로서 무속신앙에 주목하고자 한 것이다.

　제주 무속의 전통 하에서 해녀들은 거북을 띄워 보내며 "곱게 갑서, 다시 오지 맙서."라고 기도한다. 이 기도는 조상에 대한 기도이며 자손들의 안녕에 대한 기원으로서 제주 조상신앙의 근원적 꿈이기도 하다. 자손의 정성이 충분하면 조상이 저 세계에서 편안하고, 편안한 조상은 자손 앞에 나타나지 않을 것이다. 그러면 조상과 자손 모두가 평안해진다. 해녀들의 거북의례는 조상에 바치는 예로써 이 오래된 평화를 창조하고자 한다.

맺음말

맺음말

　　　　　　　이 책에서 나는 바다거북이라는 창
을 통해 제주 해녀들의 생업양식과 무속적 조상신앙, 더 나아가
다양한 인간·비인간 존재들의 행위성을 인정하는 '샤머니즘적'
세계관의 얽힘과 짜임을 엿보고자 했다. 짧게나마 앞으로의 연
구과제로 두 가지를 들고 싶다.

　첫째로 이 연구는 제주사회의 '조상' 범주가 그간의 한국 조상
연구를 구조지어온 무속조상/ 유교조상이라는 이원적 틀을 넘어
서서 거북 같은 '비인간 인격체'까지도 조상으로 포괄함을 밝힌
다. 이러한 종교양식을 단지 '무속적'이라 칭하기만은 힘들 듯한
데, 향후 제주 외 지역의 민간신앙(동식물 신앙)을 더 연구해 새로운
개념을 다듬어 가면 좋지 않을까 싶다.

　두 번째로 이 연구는 소박하게나마 '자연'이 생업의 조건이 되
는 사회를 다룬다. 자연을 떠나서는 생존이 불가능하므로 자연
에 대한 경외를 필연적으로 간직한 사회를 '생태적'이라 정의한

다면, 그런 사회 또는 공동체에 대한 인류학적 연구는 필연적으로 '생태적' 종교양식에 대한 연구가 될 수밖에 없을 것이다. 그렇다면 해녀공동체 외에도 한국에서 '자연'이 생업조건을 이루는 집단의 경제양식과 종교현상을 연구하면 흥미로우리라 생각한다.

철학자 바슐라르는 몰입한 작업자는 일하면서 꿈꾸며, 몽상하면서 노동한다고 말했다(Bachelard, 2016[1947]: 92). 4년 전에는 몰랐지만 이 연구가 다룬 것도 결국은 작업에 몰입한 능동적 존재로서의 해녀였다. 나는 이 책에서 제주의 현대사나 국가 폭력, 이데올로기나 젠더, 자본이나 시장경제 등을 거의 말하지 않았다. 그러한 조건들 이전에, 해녀들에게 살아갈 힘을 주고 오늘보다 조금이나마 나은 내일을 꿈꾸게 하는, 빛과 희망의 원천으로서 '요왕할망 말젯똘애기'를 이야기하고 싶었다.

요왕할망과 신령한 바다거북은 지난날 해녀들이 꾸었던 꿈 중에서도 가장 아름다운 꿈에 속한다. 제주 여성으로서 해녀의 삶은 나의 상상 이상으로 쓰디썼을지 모르지만, 한편으로 아무 기쁨도 보람도 없는 일을 누구도 평생 할 수는 없다고 믿는다. 내게 거북 이야기를 들려줄 때 해녀들은 하나같이 신나 보였으므로 그 표정들을 정직하게 이 책에 담고 싶었다.

참고문헌
-
찾아보기

참고문헌

강대훈, 2012, 『타마르 타마르 바다거북: 바다거북의 진화와 생활사 이야기』, 서울: 승산.

_____ , 2017, 「'곱게 갑서, 다시 오지 맙서': 제주 성산읍 해녀들의 바다거북 인식과 무속적 조상신앙 연구」, 서울대학교 석사학위 논문.

강소전, 2005, 「제주도 잠수굿 연구: 북제주군 구좌읍 김녕리 동김녕마을의 사례를 중심으로」, 제주대학교 석사학위 논문.

강정식, 2002, 「제주도 당신본풀이의 전승과 변이 연구」, 한국정신문화연구원 한국학대학원 박사학위 논문.

_____ , 2006, 「한국 제주도의 해양신앙」, 『도서문화』 27: 1–13.

_____ , 2015, 『제주굿 이해의 길잡이』, 서울: 민속원.

고광민·강정식, 2006, 『제주도 추는굿』, 국립문화재연구소 편, 도서출판 피아.

권귀숙, 1996, 「제주 해녀의 신화와 실체: 조혜정 교수의 해녀론을 중심으로」, 『한국사회학』 30: 227–258.

김광억, 1991, 「저항문화와 무속의례-현대한국의 정치적 맥락」, 『한국문화인류학』 23: 131–172.

김명미, 2017, 「제주도에서의 '공동체' 형성 유지와 종교성: O마을 사례로 보는 무속의 재고찰」, 하라지리 히데키·김명미, 『동중국해역에서의 한반도와 일본열도: 그 기층문화와 사람들의 생활』, 서울: 민속원. pp. 214–262.

김성례, 1984, 「조사보고: 제주도 심방의 치병의례에 대한 연구 시론」, 『제주도연구』 1: 383–424.

_____ , 1995, 「한국 무속의 인격 이해」, 『사목(한국천주교중앙협의회)』 192: 65–104.

김영돈, 1999, 『한국의 해녀』, 서울: 민속원.

김은실, 2016, 「4·3 홀어멍의 '말하기'와 '몸의 정치'」, 『한국문화인류학』 49–3: 313~359.

김창민, 2018, 「흑산도의 친척」, 『한국 가족과 친족의 인류학: 이론·쟁점·변화』 6장, 서울대학교 출판문화원.

김헌선·강정식, 2005, 「제주도 당본풀이의 계보 구성과 지역적 정체성 연구」, 『비교민속학』 29: 243-287.

김혜숙, 1999, 『제주도 가족과 궨당』, 제주: 제주대학교 출판부.

로저 자넬리·임돈희, 2000[1982], 『조상의례와 한국사회』, 김성철 옮김, 서울: 일조각.

문대연·정민민 외, 2009, 「한국 연안의 멸종위기 바다거북의 분포 및 좌초 현황」, 『한국수산과학회지』 42(6): 657-663.

문무병, 2005, 『바람의 축제, 칠머리당 영등굿』, 서울: 황금알.

_____, 2008, 『제주도 본향당 신앙과 본풀이』, 서울: 민속원.

문무병·박종성, 2003, 「제주도 도깨비 信仰」, 『한국학논집』 30: 163-174.

민윤숙, 2011, 「공존의 신념으로서의 제주 해녀들의 속신: 서귀포시 성산읍 고성·신양리와 온평리를 중심으로」, 『실천민속학연구』 18: 123-165.

안미정, 1998, 「제주 해녀의 이미지와 사회적 정체성」, 제주대학교 석사학위 논문.

_____, 2006, 「바다밭(海田)을 둘러싼 사회적 갈등과 전통의 정치: 제주도 해녀마을의 나잠(裸潛)과 의례」, 『한국문화인류학』 39(2): 307-347.

_____, 2007, 「제주 잠수의 어로와 의례에 관한 문화인류학적 연구: 생태적 지속가능성을 위한 문화전략을 중심으로」, 한양대학교 박사학위 논문.

_____, 2011, 「해양의 위험담론과 생활방식의 권리」, 『제주도연구』 36: 157-185.

_____, 2019, 『한국잠녀, 해녀의 역사와 문화』, 역락.

유요한, 2013, 「신들 사이의 영역 구별, 신과 인간의 영역 구별: 제주 토착종교의 정결개념에 관한 연구」, 『종교와 문화』 25: 27-65.

유철인, 1998, 「물질하는 것도 머리싸움: 제주 해녀의 생애이야기」, 『한국문화인류학』 31(1): 97-117.

_____ , 2011, 「구술생애사를 텍스트로 만들기: 제주해녀 고이화의 두 가지 텍스트 비교」,
『한국문화인류학』 44(2): 113-138.

이기욱, 1989, 「제주도 사신숭배의 생태학」, 『제주도연구』 6: 181-212.

_____ , 2005, 『제주 농촌경제의 변화』, 파주: 집문당.

임돈희, 1988, 「한국조상의 두 얼굴: 조상덕과 조상탓-유교와 무속의 조상의례의 비교」,
『한국민속학』 21: 133-171.

장주근, 1972, 「제주도 무속의 도깨비 신앙에 대하여」, 『국어교육』 18: 457-471.

_____ , 1983, 「한국 민간신앙의 조상숭배-유교 제례 이외의 전승 자료에 대하여」, 『한국문
화인류학』 15: 63-80.

_____ , 1986, 「조상숭배에 대한 종합적 고찰: 무속의 조상숭배」, 『한국문화인류학』 18:
95-107.

정민민·문대연 외, 2012a, 「우리나라 제주도에 위치한 바다거북 우연(偶然)산란장의 환경
조건」, 『수산해양교육연구』 24(4): 507-515.

_____ , 2012b, 「우리나라 제주도에서 관찰된 바다거북의 좌초와 혼획」, 『수산해양교육연
구』 24(5) : 662-669.

조혜정, 1988, 『한국의 남성과 여성』, 서울: 문학과 지성사.

좌혜경, 2002, 「일본 쓰가지마[菅島]의 '아마'와 제주 해녀의 비교 민속학적 고찰」, 『한국민
속학』 36: 229-270.

진성기, 2003[1966], 『제주도 무속논고: 남국의 무속』, 서울: 민속원.

_____ , 2016[1991], 『제주도 무가본풀이사전』, 서울: 민속원.

최길성, 1991[1986], 『한국의 조상숭배』, 서울: 예전사.

최재석, 1979, 『제주도의 친족조직』, 일지사.

탁명환, 1978, 「제주 사신신앙에 대한 소고-토산당 뱀신앙을 중심으로」, 『한국문화인류학』
10: 71-78.

하순애, 2003, 「제주도 민간신앙의 구조와 변화상」, 조성윤·이상철·하순애, 『제주지역 민간신앙의 구조와 변용』, 서울: 백산서당. pp. 87-278.

허남춘 외(편), 2009, 『이용옥 심방본풀이』, 제주: 제주대학교 탐라문화연구소.

현용준, 1986, 『제주도 무속연구』, 서울: 집문당.

_____ , 2002, 『제주도 무속과 그 주변』, 서울: 집문당.

_____ , 2005, 『제주도 신화의 수수께끼』, 파주: 집문당.

_____ , 2007[1980], 『제주도무속자료사전』, 제주: 도서출판 각.

현용준·현승환, 1995, 「제주도(濟州島) 뱀신화(神話)와 신앙(信仰) 연구(研究)」, 『탐라문화』 15: 1-74.

Bachelard, Gaston, 2016[1947], *La Terre et les Rêveries de la volonté*, José Corti.

Bourdieu, Pierre, 1980, *Le sens pratique*, Paris: Minuit.

De Castro, Eduardo Viveiros, 1998 「Cosmological Deixis and Amerindian Perspec tivism」, *The Journal of the Royal Anthropological Institute*, 4(3): 469–488.

_____ , 2009, *Métaphysiques cannibales: Lignes d'anthropologie post-structurale*. Presses Universitaires de France.

Descola, Phillipe, 1986, *La Nature domestique: Symbolisme et praxis dans l'écologie des Achuar*, Paris, Éditions de la Maison des Sciences de l'Homme.

Douglas, Mary, 1966, *Purity and Danger : An Analysis of Concepts of Pollution and Taboo*, London: Routledge.

Durkheim, Émile, 2016[1912], *Les formes élémentaires de la vie religieuse*, Paris, PUF.

Gwi-Sook, Gwon, 2005, 「Changing Labor Processes of Women's Work: The Hae nyŏ of Jeju Island」, Korean Studies 29, 114-136.

Hallowell, Irving, 1955, 「The Self and Its Behavioral Environment」, *In Culture and Experience*, Philadelphia: University of Pennsylvania Press. pp. 75-110.

_____ , 1976, 「Ojibwa Ontology, Behavior, and Worldview」, *In Contributions to Anthropology: Selected Papers of A. Irving Hallowell*, Chicago: University of Chicago Press. pp. 357-390.

Hamayon, Roberte, 2012, 「Le « bon » côté ou la fabrique de l'optimisme. Réflexion sur des formes simples de divination en Sibérie」, in Lambert J.-L. & G. Olivier (dir.), *Deviner pour agir*. Paris: CEMS-EPHE, pp. 31-59.

_____ , 2015, *Le chamanisme: Fondements et pratiques d'une forme religieuse d'hier et d'aujourd'hui*. Paris, Eyrolles.

Ingold, Tim, 2007[1980], *Hunters, Pastoralists and Ranchers: Reindeer Economies and their Transformations*, Cambridge: Cambridge University Press.

Kendall, Laurel, 2009, *Shamans, Nostalgias, and the IMF: South Korean Popular Religion in Motion*, Honolulu: University of Hawai'i Press.

Kim, Seong-nae, 1989, 「Lamentations of the Dead: The Historical Imagery of Violence on Cheju Island, South Korea」, *Journal of Ritual Studies* 3(2): 251-285.

_____ , 1992, 「Dances of Toch'aebi and Songs of Exorcism in Cheju Shamanism」, *Diogenes* 40(158), 57-68.

Leenhardt, Maurice, 1979[1947], *Do Kamo: La personne et le mythe dans le monde mélanésien*, translated by Basia Miller Gulati, *Do Kamo: Person and Myth in the Melanesian World*, Chicago: University of Chicago Press.

Levi-Strauss, Claude, 1958, *Anthropologie structurale*, Paris, Plon.

_____ , 1962, *La Pensée sauvage*, Paris, Plon.

Martinez, Dolores P., 2004, *Identity and Ritual in a Japanese Diving Village: The*

Making and Becoming of Person and Place, Honolulu: University of Hawai'i Press.

Mauss, Marcel, 2013[1926], 「Effets physiques chez l'individu de l'idée de mort suggérée par la collectivité (Australie, Nouvelle-Zélande)」, in *Sociologie et Anthropologie*, PUF, pp. 311-330.

＿＿＿, 2013[1934], 「Les techniques du corps」, in *Sociologie et Anthropologie*, PUF, pp. 363-386.

Mead, Herbert. G., 2015[1934], 「Play, the Game, and the Generalized Other」, In *Mind, Self and Society from the Standpoint of a Social Behaviorist*, edited by Daniel R. Huebner and Hans Joas, Chicago: The University of Chicago Press. pp. 152-164.

Ong, Aihwa, 1988, 「The Production of Possession: Spirits and the Multinational Corporation in Malaysia.」, *American Ethnologist* 15(1): 28-42.

P. Descola and G. Pálsson, 1996, *Nature and Society: Anthropological Perspectives*, London: Routledge.

Rappaport, Roy, 1968, *Pigs for the Ancestors: Ritual in the Ecology of a New Guinea People*, New Haven: Yale University Press.

＿＿＿, 1999, *Ritual and Religion in the Making of Humanity*, Cambridge: Cambridge University Press.

Stephen A. Karl and Brian W. Bowen, 1999, 「Evolutionary Significant Units versus Geopolitical Taxonomy: Molecular Systematics of an Endangered Sea Turtle (genus Chelonia)」, *Conservation Biology* 13(5): 990-999.

Wagner, Roy, 1977, 「Analogic Kinship: A Daribi Example」, *American Ethnologist* 4(4): 623-642.

[기타 자료]

고희영, 2015, 『해녀의 삶과 숨: 물숨』, 파주: 나남.

국립민속박물관, 2009, 『한국민속신앙사전: 무속신앙』, 국립민속박물관.

김수남 사진집, 1992[1985], 『제주도 무혼굿』, 서울: 열화당.

김수남 사진집, 1992[1983], 『제주도 영등굿』, 서울: 열화당.

제주특별자치도, 2014, 『숨비질 베왕 남주지 아녀: 제주해녀 생애사 조사보고서』, 제주특별
　　자치도.

KBS 환경스페셜 372회(2008.12.17. 방영), 『그곳엔 바다거북이 산다』.

　　(http://ww.kbs.co.kr/end_program/1tv/sisa/environ/view/vod/1794174_48116.html)

KBS 특별기획 「코리안 지오그래픽」 8편(2014.11.27. 방영), 『숨비소리』.

　　(https://www.youtube.com/watch?v=adRSXrtKuz0)

SBS 스페셜 405회(2015.7.5. 방영), 『해녀 삼촌과 아마짱』.

　　(http://program.sbs.co.kr/builder/endPage.do?pgm_id=00000311936&pgm_mnu_id=4029&
　　pgm_build_id=&contNo=&srs_nm=405&srs_id=22000053677)

YTN 스페셜 「공존의 바다」 2부(2014.4.15. 방영), 『돌고래와 해녀할망』.

　　(http://www.ytn.co.kr/_pn/0465_201404151326084958)

ㄱ

개씻음 159, 160, 161, 162

거북굿 146, 147, 148, 149

곱가름 101, 123, 132, 133, 162, 163, 164, 165, 166

귀양풀이 155, 156, 159

ㄴ

넋 나감 62, 73, 74

ㄷ

도채비 47, 73, 94, 95, 96, 97, 98, 99, 100, 101

동이용궁할망본풀이 22

뒤르켐, 에밀 Durkheim, Emile 58, 83, 98, 122, 171

ㅁ

머정 45, 46, 47, 48, 49, 50, 51

모스, 마르셀 Mauss, Marcel 46, 47

ㅂ

바다거북 배송의례 136, 146, 147, 148, 159, 150, 151, 152, 153, 154, 155, 156, 157, 158, 159

바다밭 30, 31, 32, 33, 39

바슐라르, 가스통 Bachelard, Gaston 179

뱀(칠성) 121, 124, 127, 128

ㅅ

사회성(큰 해녀의) 42, 58

사회화된 자연 145

산호해녀 26

샤머니즘적 종교성 36, 132, 150

수렵채집경제 37, 49, 150, 171, 172

ㅇ

요왕맞이 104, 105, 106, 107, 152, 153, 154, 155

요왕차사본풀이 22

요왕할망 말젯똘애기 14, 18, 20, 21, 22, 23, 24, 38, 117, 119, 124, 131, 132, 145, 149, 156, 168, 170, 179

용왕(요왕할망) 105, 106, 107, 108, 109, 110, 111, 112, 113, 114, 115, 116, 117

원초적 낙관주의(로서의 한국 무속(巫俗)) 168, 171, 172, 173, 174, 179

잉골드, 팀 Ingold, Tim 36, 150

ㅈ

잠수굿 20, 22, 31, 110, 169

정성 84, 88, 109, 111, 128, 129, 130, 131, 174

제주 바다거북 16, 17, 18

조상

　– 범주로서의 80, 81, 82, 83, 84

　– 유교조상 81, 82

　– 무속조상 81, 82

　– 본향신 89, 91, 92

　– 집안조상 84, 85, 86, 87, 88, 89

　– 조상신 94, 95, 96, 97, 98, 99, 100, 101

　– 희망의 집약체로서 77, 89, 168, 173, 179

　– 어둡은 데서 도와주는 85, 86, 87, 88, 89, 123

　– 신화적 친족으로서 31, 83, 110, 111, 112, 113, 114, 115, 116, 117, 131, 145, 169

　– 눈에 비춘다 (조상이) 122, 123, 124, 128, 129, 130, 131, 132, 133, 143, 164

　– 배고픈 조상 128, 144

지드림 105, 109, 111, 131

ㅊ

초공본풀이 23, 26

추는 굿 69, 70, 71, 72, 73, 74

ㅎ

하마용, 로베르트 Hamayon, Roberte 36, 150, 171, 172, 173

현용준 66, 70, 72, 80, 84, 89, 94, 105, 127, 162, 163, 164,

혼정(魂情) 85, 86, 87